U0733822

中文社会科学引文索引(CSSCI)收录集刊(2017-2018)

—— 信息系统协会中国分会（CNAIS）——

信息系统学报

CHINA JOURNAL OF INFORMATION SYSTEMS

第17辑

CJIS

科学出版社

北京

内 容 简 介

《信息系统学报》是我国信息系统科学研究领域的唯一专门学术出版物，被信息系统协会中国分会指定为会刊。

《信息系统学报》倡导学术研究的科学精神和规范方法，鼓励对信息系统与信息管理领域中的理论和应用问题进行原创性探讨和研究，旨在发表信息系统研究领域中应用科学严谨的方法论、具有思想性与创新性的研究成果，并在国际学术界产生影响。其稿件内容包括相关的理论、方法、应用经验等，涵盖信息系统各个研究领域，注重结合我国国情的探讨，从而对我国和世界信息系统的研究与应用做出贡献。

《信息系统学报》主要面向信息系统领域的研究人员，已经成为我国信息系统领域学术研究探索与发展的重要主流平台，为相关研究工作创造了一个友好而宽阔的交流空间，推动着我国信息系统研究、应用及学科建设的不断前进。

图书在版编目（CIP）数据

信息系统学报. 第 17 辑 / 清华大学经济管理学院编. —北京：科学出版社，2017.4
　ISBN 978-7-03-052549-9
　Ⅰ. ①信… 　Ⅱ. ①清… 　Ⅲ. ①信息系统—丛刊　Ⅳ. ①G202-55

中国版本图书馆 CIP 数据核字（2017）第 070545 号

责任编辑：马　跃 / 责任校对：郭瑞芝
责任印制：张　伟 / 封面设计：无极书装

科学出版社 出版
北京东黄城根北街 16 号
邮政编码：100717
http://www.sciencep.com

北京京华虎彩印刷有限公司 印刷
科学出版社发行　各地新华书店经销

*

2017 年 4 月第 一 版　开本：889×1194 1/16
2017 年 4 月第一次印刷　印张：9 1/4
字数：220 000

定价：62.00 元
（如有印装质量问题，我社负责调换）

《信息系统学报》编委会

主　编　　陈国青（清华大学）
副主编　　黄丽华（复旦大学）　　　　　　　　李　东（北京大学）
　　　　　李一军（哈尔滨工业大学）　　　　　毛基业（中国人民大学）
　　　　　王刊良（中国人民大学）
主　任　　黄京华（清华大学）
主编助理　郭迅华（清华大学）　　　　　　　　卫　强（清华大学）
编　委　　陈华平（中国科技大学）　　　　　　陈　剑（清华大学）
　　　　　陈晓红（中南大学）　　　　　　　　陈　禹（中国人民大学）
　　　　　党延忠（大连理工大学）　　　　　　甘仞初（北京理工大学）
　　　　　黄　伟（西安交通大学）　　　　　　李敏强（天津大学）
　　　　　刘　鲁（北京航空航天大学）　　　　刘仲英（同济大学）
　　　　　马费成（武汉大学）　　　　　　　　邵培基（电子科技大学）
　　　　　谢　康（中山大学）　　　　　　　　严建援（南开大学）
　　　　　杨善林（合肥工业大学）　　　　　　张金隆（华中科技大学）
　　　　　张朋柱（上海交通大学）　　　　　　仲伟俊（东南大学）
　　　　　CHAU Patrick Y. K.（University of Hong Kong）
　　　　　CHEN Yesho（Louisiana State University）
　　　　　LIANG Ting-Peng（Sun Yat-Sen University, Taiwan, China）
　　　　　LU Jie（University of Technology, Sydney）
　　　　　SHENG Olivia（Utah University）
　　　　　TAN Bernard（National University of Singapore）
　　　　　TAN Felix B.（AUT University）
　　　　　THONG James Y. L.（Hong Kong University of Science and Technology）
　　　　　WEI Kowk Kee（City University of Hong Kong）
　　　　　ZHAO Leon（City University of Hong Kong）
　　　　　ZHU Kevin（University of California, San Diego）

Editorial Board, China Journal of Information Systems

Editor	CHEN Guoqing (Tsinghua University)
Associate Editors	HUANG Lihua (Fudan University)
	LI Dong (Peking University)
	LI Yijun (Harbin Institute of Technology)
	MAO Jiye (Renmin University of China)
	WANG Kanliang (Renmin University of China)
Managing Editor	HUANG Jinghua (Tsinghua University)
Assistants to the Editor	GUO Xunhua (Tsinghua University)
	WEI Qiang (Tsinghua University)
Members of	CHAU Patrick Y. K. (University of Hong Kong)
Editorial Board	CHEN Huaping (University of Science and Technology of China)
	CHEN Jian (Tsinghua University)
	CHEN Xiaohong (Central South University)
	CHEN Yesho (Louisiana State University)
	CHEN Yu (Renmin University of China)
	DANG Yanzhong (Dalian University of Technology)
	GAN Renchu (Beijing Institute of Technology)
	HUANG Wayne (Xi'an Jiao Tong University)
	LI Minqiang (Tianjin University)
	LIANG Ting-Peng (Sun Yat-Sen University, Taiwan, China)
	LIU Lu (Beihang University)
	LIU Zhongying (Tongji University)
	LU Jie (University of Technology, Sydney)
	MA Feicheng (Wuhan University)
	SHAO Peiji (University of Electronic Science and Technology of China)
	SHENG Olivia (Utah University)
	TAN Bernard (National University of Singapore)
	TAN Felix B. (AUT University)
	THONG James Y. L. (Hong Kong University of Science and Technology)
	WEI Kowk Kee (City University of Hong Kong)
	XIE Kang (Sun Yat-Sen University, Guangzhou)
	YAN Jianyuan (Nankai University)
	YANG Shanlin (Hefei University of Technology)
	ZHANG Jinlong (Huazhong University of Science and Technology)
	ZHANG Pengzhu (Shanghai Jiao Tong University)
	ZHAO Leon (City University of Hong Kong)
	ZHONG Weijun (Southeast University)
	ZHU Kevin (University of California, San Diego)

主 编 单 位　清华大学（经济管理学院）

副主编单位　北京大学（光华管理学院）　　　　复旦大学（管理学院）
　　　　　　　哈尔滨工业大学（管理学院）　　　西安交通大学（管理学院）
　　　　　　　中国人民大学（商学院）

参 编 单 位　北京大学（光华管理学院）　　　　　北京航空航天大学（经济管理学院）
　　　　　　　北京理工大学（管理与经济学院）　　大连理工大学（管理与经济学部）
　　　　　　　电子科技大学（管理学院）　　　　　东南大学（经济管理学院）
　　　　　　　复旦大学（管理学院）　　　　　　　哈尔滨工业大学（管理学院）
　　　　　　　合肥工业大学（管理学院）　　　　　华中科技大学（管理学院）
　　　　　　　南开大学（商学院）　　　　　　　　清华大学（经济管理学院）
　　　　　　　上海交通大学（安泰经济与管理学院）天津大学（管理与经济学部）
　　　　　　　同济大学（经济与管理学院）　　　　武汉大学（信息管理学院）
　　　　　　　西安交通大学（管理学院）　　　　　中国科技大学（管理学院）
　　　　　　　中国人民大学（商学院、信息学院）　中南大学（商学院）
　　　　　　　中山大学（管理学院）

通 信 地 址

北京市清华大学经济管理学院《信息系统学报》，邮政编码：100084。

联系电话：86-10-62773049，传真：86-10-62771647，电子邮件：CJIS@sem.tsinghua.edu.cn，网址：http://cjis.sem.tsinghua.edu.cn。

《信息系统学报》审稿专家

按姓氏音序排列：

安利平（南开大学）　　　　　　　曹慕昆（厦门大学）
陈华平（中国科技大学）　　　　　陈文波（武汉大学）
陈晓红（中南大学）　　　　　　　陈　禹（中国人民大学）
陈智高（华东理工大学）　　　　　崔　巍（北京信息科技大学）
党延忠（大连理工大学）　　　　　邓朝华（华中科技大学）
董小英（北京大学）　　　　　　　董毅明（昆明理工大学）
方佳明（电子科技大学）　　　　　冯玉强（哈尔滨工业大学）
甘仞初（北京理工大学）　　　　　高学东（北京科技大学）
葛世伦（江苏科技大学）　　　　　胡立斌（西安交通大学）
胡祥培（大连理工大学）　　　　　黄丽华（复旦大学）
黄　伟（西安交通大学）　　　　　蒋国瑞（北京工业大学）
姜锦虎（西安交通大学）　　　　　孔祥维（大连理工大学）
赖茂生（北京大学）　　　　　　　黎　波（清华大学）
李　东（北京大学）　　　　　　　李　红（北京航空航天大学）
李明志（清华大学）　　　　　　　李一军（哈尔滨工业大学）
李敏强（天津大学）　　　　　　　李明志（清华大学）
李　倩（中国人民大学）　　　　　李文立（大连理工大学）
李勇建（南开大学）　　　　　　　梁昌勇（合肥工业大学）
廖列法（江西理工大学）　　　　　廖貅武（西安交通大学）
林　杰（同济大学）　　　　　　　刘红岩（清华大学）
刘　鲁（北京航空航天大学）　　　刘　烨（清华大学）
刘咏梅（中南大学）　　　　　　　刘震宇（厦门大学）
刘仲英（同济大学）　　　　　　　卢　涛（大连理工大学）
卢向华（复旦大学）　　　　　　　鲁耀斌（华中科技大学）
马费成（武汉大学）　　　　　　　马君宝（清华大学）
毛基业（中国人民大学）　　　　　梅姝娥（东南大学）
闵庆飞（大连理工大学）　　　　　牛东来（首都经济贸易大学）
潘　煜（北京邮电大学）　　　　　齐佳音（北京邮电大学）
戚桂杰（山东大学）　　　　　　　邱凌云（北京大学）
任　菲（北京大学）　　　　　　　邵培基（电子科技大学）
宋培建（南京大学）　　　　　　　孙建军（南京大学）
唐晓波（武汉大学）　　　　　　　王　君（北京航空航天大学）
王　珊（中国人民大学）　　　　　王　昊（清华大学）
王刊良（中国人民大学）　　　　　卫　强（清华大学）

闻　中（清华大学）
吴俊杰（北京航空航天大学）
肖勇波（清华大学）
徐　心（清华大学）
严建援（南开大学）
闫相斌（哈尔滨工业大学）
杨善林（合肥工业大学）
姚　忠（北京航空航天大学）
殷国鹏（对外贸易大学）
于笑丰（南京大学）
袁　华（电子科技大学）
张　楠（清华大学）
张　新（山东经济学院）
赵　昆（云南财经大学）
赵　英（四川大学）
周　涛（杭州电子科技大学）
Chau Patrick Y. K.（University of Hong Kong）
Zhao Leon（City University of Hong Kong）

吴　亮（贵州师范大学）
肖静华（中山大学）
谢　康（中山大学）
徐云杰（复旦大学）
颜志军（北京理工大学）
杨　波（中国人民大学）
杨彦武（中科院自动化所）
叶　强（哈尔滨工业大学）
余　力（中国人民大学）
余　艳（中国人民大学）
张金隆（华中科技大学）
张朋柱（上海交通大学）
张紫琼（哈尔滨工业大学）
赵捧未（西安电子科技大学）
仲伟俊（东南大学）
左美云（中国人民大学）

信息系统学报

第 17 辑

目　　录

China Journal of Information Systems

CONTENTS

主 编 的 话

　　本期《信息系统学报》为总第 17 辑，共收录 9 篇研究论文，其中 5 篇论文为国际信息系统协会中国分会第六届全国大会（CNAIS 2015）特辑。CNAIS 2015 大会于 2015 年 10 月 23 日~25 日在山东济南举行。大会由国际信息系统协会中国分会（China Association for Information Systems，CNAIS）主办，山东财经大学管理科学与工程学院和山东大学管理学院联合承办，支持单位有国家自然科学基金委员会、中国系统工程学会、中国信息经济学会，会议主题为"信息系统的影响——变革与融合"。作为 CNAIS 会刊，《信息系统学报》编委会在大会上遴选得到较高评价的优秀论文，邀请作者进行修改并拓展，投稿到《信息系统学报》。编委会为这些稿件组织了两轮集中评审，最终录用了其中的 5 篇论文，形成了 CNAIS 2015 特辑。这 5 篇论文从不同角度论述了当前信息系统领域的热点和备受关注的问题。刘鲁川等的论文借鉴以用户为中心的设计方法，探索了社交 APP 中 LBS 用户隐私关注的影响因素；王亚飞等选择了三家不同规模企业的软件测试项目进行多案例研究，探究游戏化元素对软件测试效率与质量的影响；史楠等的论文将社会距离和感知社会风险引入研究当中，对邀请发起者和邀请接收者双方进行研究，分析云存储背景下在线好友邀请项目成功的因素，并就在线好友邀请项目的设计给出了建议；朱存根等围绕在线评论这一热点，通过对消费者关于产品质量和适用性的效用水平进行建模，来比较有、无评论情况下的消费者剩余；吕喆朋等的论文围绕利用社会化媒体增加在线用户生成内容的热点问题，基于 Dichter 口碑产生动因理论和使用满足理论，从品牌社区的角度研究企业微博生成内容对 UGC 的影响机制。

　　本辑学报所刊发的另外 4 篇研究论文也呈现了高度多样化的研究视角和方法。杨春姬等的论文从用户学习需求出发，采用产品概念设计的 FBS 方法对产品知识进行分类，利用 Web 本体语言对产品知识结构进行分层表达，探究产品知识地图的构建方法；李嘉等从解释水平理论的视角出发，研究心理距离对在线社会支持提供意愿的影响，以及共情在其中发挥的调节作用；徐健等的论文从信息平台质量角度出发，构建了一个考虑使用经验调节作用的信息平台质量对用户满意度影响的概念模型，并通过偏最小二乘法结构方程模型进行了实证分析；栾世栋等通过对京东商城的单案例研究，揭示了案例企业根据内外部环境条件动态调整其外部关系管理策略，结合外部资源实现平台创新的演化历程。

　　我们希望本期刊登的这些文章能够在促进科学探讨、启发创新思维、分享学术新知方面发挥应有的作用，同时也希望《信息系统学报》得到大家更多的关注并刊登更多高水平的文章。谨向关心和支持《信息系统学报》的国内外学者同仁及各界人士致以深深的谢意。感谢参与稿件评审的各位专家的辛勤工作，感谢各位作者对学报的支持以及出版过程中的配合，并感谢科学出版社在编辑和出版过程中的勤恳努力！

主 编　陈国青

副主编　黄丽华　李　东　李一军　毛基业　王刊良

2016 年 12 月于北京

信息系统学报
第 17 辑: 1-18

China Journal of Information Systems
1-18

社交 APP 中 LBS 用户隐私关注的影响机理研究*

刘鲁川，安昭宇

（山东财经大学 管理科学与工程学院，山东 济南 250014）

摘　要　针对用户使用社交 APP 中基于位置的服务（location-based service，LBS）时的隐私关注行为，借鉴以用户为中心的设计方法（user centered design，UCD），结合访谈法、日志法开展探索性的研究，以探明社交 APP 中 LBS 用户隐私关注的影响因素；在此基础上，通过文献归纳提出 LBS 用户隐私关注影响机理概念模型，采用问卷法收集数据，并用 VisualPLS 数据处理以验证模型。结果表明，LBS 服务质量与 LBS 隐私关注呈负相关关系，感知风险与 LBS 隐私关注呈正相关，信任与 LBS 隐私关注呈负相关，并得到其他构念与 LBS 服务质量、感知风险、信任之间的关系。

关键词　移动社交，LBS，隐私关注，隐私保护

中图分类号　C931.6

1　引言

随着网络技术、无线定位技术和移动通信技术的飞速发展，基于位置的服务（location-based service，LBS）已逐渐融入人们的生活。《2014 年中国移动互联网行业深度报告》指出，LBS 作为移动互联网的细分市场以及第一个明确增量市场，产生的基于 LBS 的精准推荐将带来巨大价值并使其成为最具增长性的新型业务之一[1]。《基于 LBS 的 O2O 发展专题研究报告 2013》将 LBS 市场细分为 5 部分，即 LBS+路线规划、LBS+生活服务、LBS+社交、LBS+电子商务、LBS+游戏娱乐[2]。

虽然移动社交引入 LBS 服务后促进了传统 SNS（social network sites，即社会性网络服务）中用户真实性的回归，极大地方便了手机用户的使用，但与此同时，其隐私风险也更加凸显出来。LBS 服务的特点在于，移动用户在享受该服务之前，需向 APP（application，即应用）的服务器提供自己的位置信息，但是系统往往无法保证用户信息不被泄露，甚至在交互过程中被非法截取。iPhone 手机曾被曝出，其定位服务会在用户不知情的前提下默认记录用户的位置，其信息的精确性引发了大批用户的恐慌[3]。用户位置信息的泄露，可能会直接或间接导致用户受到垃圾信息骚扰；也可能暴露用户的住址、工作地点，给用户的私人生活带来负面影响；更有甚者，根据用户的位置信息可以推测出用户的行为习惯、职业信息、社交信息，甚至用户身份，极大地侵害了用户隐私[4]。关于 LBS 隐私担忧的存在，阻碍了 LBS 市场的发展和商业前景，而享受高质量的 LBS 服务与位置信息保护是矛盾的，因此理解用户隐私关注的影响因素及其影响机理就尤为重要。

2　社交APP中LBS隐私关注影响因素提取

隐私关注影响因素的提取属于探索性研究阶段。为了准确捕捉社交 APP 中 LBS 用户隐私关注影响

＊　基金项目：国家自然科学基金项目 "社会化阅读服务用户持续使用的行为机理研究"（71373144）。
　　通信作者：刘鲁川，山东财经大学管理科学与工程学院，博士生导师，E-mail: lu_chuan@126.com。

因素，我们采用用户访谈、日志法等用户研究的方法，从用户角度出发，把握用户使用 LBS 产品过程中的行为规律，结合文献归纳，探索影响用户使用 LBS 服务的因素和影响用户 LBS 隐私关注的因素。

2.1　研究问题的确定

我们考虑以用户的行为规律、心理特点作为切入点，从而拟定如下研究问题（以下 LBS 均指社交 APP 中的 LBS 服务）：

（1）用户使用 LBS 的特点和规律。

（2）用户使用 LBS 的动机、需求、担忧。

（3）影响用户使用 LBS 的相关因素。

（4）用户认为 LBS 的隐私问题有哪些？用户对此的隐私关注程度如何？

（5）影响用户的 LBS 隐私关注的因素以及影响途径。

2.2　研究方法

针对问题（1），需要大量 LBS 用户的真实使用数据来反映这种规律性和用户习惯，因此我们采用在线数据抓取来得到相关信息；对于问题（2）~问题（4），我们需要针对性的探索，获取用户的 LBS 使用行为以及行为背后的动机、态度等，因此我们拟采用访谈法，同时，为了记录用户使用 LBS 服务的场景，还要采用日志法进行为期一周左右的记录；对于问题（5），我们将以前期的文献归纳和规范的用户研究为基础，尝试提取影响用户 LBS 隐私关注的因素并进行聚类，建立 LBS 隐私关注初始模型，采用问卷调查的方法，验证模型并确定各因素的影响程度。

2.2.1　在线数据分析

我们利用新浪微博（Weibo.com）的 API（application programming interface，即应用程序编程接口）来完成在线数据抓取，借助 Weibo Crawler（微博爬虫工具软件）工具和 "中国人文社会科学研究工具包" CST（computer science and technology，即计算机科学与技术）下的 Rost Data Snag Tool（微博数据抓取工具）收集用户的 LBS 使用数据。

1）数据抓取

在微博中 LBS 服务的具体体现即为用户对 "微博位置" 的使用，根据研究需要，数据的收集主要分为 4 类，即用户基本信息、关注与被关注列表、微博位置标记、微博位置上发布的内容和评论。利用新浪的微博 API（open.weibo.com），在 2014 年 7 月主要以 "关键字" 的形式，一共抓取了 3 万名用户的约 110 万条微博位置和签到数据，大致分类为位置+原创内容、@、转发、话题、其他。

2）数据分析

我们以 "位置+原创内容" 大类为基础，进行统计分析，以期发现用户使用 LBS 服务的行为特点，总结出以下规律：

（1）极少用户会在具体的居住地点进行 LBS 位置标记（约 11%）。

（2）用户进行位置标记时，对于一些比较敏感的地点，倾向于使用范围更大的、更模糊的地点来签到，如后海小区、省委宿舍，或者给这些地点重新命名，如中国传媒大学根据地。

（3）用户倾向于在公共场所，如广场、学校、图书馆、电影院、操场、餐饮店、公园、商场、酒店、医院、KTV、酒吧等进行位置标记，用户的大多数位置标记也集中在这个范围。其中随机抽取的 1 500 条 "位置+原创内容" 大类的位置数据中，学校 131 条、餐饮店 107 条、操场 47 条、图书馆 38

条、商场 112 条、酒店 85 条、电影院 126 条、医院 74 条、公园 98 条、KTV 69 条、酒吧 94 条、广场 155 条。

3）对在线数据分析的总结

通过对抓取到的数据进行统计分析后可以发现，社交 APP 的用户在使用 LBS 服务时，有很显著的倾向会刻意避开较为敏感的私人地点，转而用更大的范围代替。同时，用户更加青睐的 LBS 签到地点大多是公共场所，这很可能是出于隐私保护的考虑。因此我们可以假设，用户在使用 LBS 服务时，对个人隐私具有较强的关注和忧虑，而且用户已经开始有意识地对个人隐私进行保护。

2.2.2 访谈法

用户访谈主要用来研究与主观情绪相关的、难以客观度量计算的问题，一对一的深度访谈是用户研究中的常用方法。用户访谈可以很好地展现用户使用系统的方式、方法、态度、继续使用或停止使用的影响因素等，帮助研究者深入了解用户的使用体验。从可用性角度出发，用户访谈属于间接方法的一种，它关注的是用户对系统的主观态度。另外，用户对行为的言语表述并不能完全还原其真实行为，因此访谈过程中要把重心放在用户行为的体现上[5]~[7]。

2.2.3 日志法

日志法作为用户研究过程中的另一种有效方法，多被用于详细记录用户使用产品时的实际情况和场景，体现用户如何在特定场景中完成产品使用任务，而且也使在不同环境中收集用户数据变得更加容易。日志法强调在一定时间段内对用户进行跟踪研究，以期重现真实的用户使用场景，为编写人物角色提供帮助。但是，日志法只能对用户行为进行展现，无法描述用户的行为和动机[5]~[8]。因此，进行用户研究时我们将访谈法和日志法这两种方法结合起来使用，充分获取对用户的描述。

2.3 人物角色

1）用户选取

实施用户访谈和日志法的目的是了解用户使用产品时的态度、习惯、需求、期望及不满，因此合适的样本用户才能够达成用户研究的目的。较为理想的样本用户应有代表性，熟悉产品特性，且有丰富的使用经验，以此得到的数据能够较好地覆盖目标用户群[8]。在用户研究的前期，我们需要进行严格的样本用户筛选，目标锁定在使用 LBS 服务以及移动社交相对活跃的群体。以新浪微博和微信朋友圈为例，这类人群在产品使用上有非常高的活跃度、好友数量、关注和被关注数量等，发布的内容中涉及 LBS 定位的占比相对较高，且有较长的使用社交 APP 的时间和较丰富的使用经验。借鉴人口统计学要求，参照产品相关的用户属性，我们对样本用户群体的筛选要求如下。

（1）人数：10 名左右。

（2）性别：男女比例为 1∶1 左右。

（3）年龄：19~35 岁。

（4）地域：尽量分布在不同城市。

（5）社交产品中的好友数大于 120，关注数应大于 300，被关注数应大于 500。

（6）每天至少有三次使用社交 APP（新浪微博、微信朋友圈、人人网）的行为。

（7）使用 LBS 服务一年以上，每周至少有三次使用 LBS 服务的行为。

最后我们找到 8 名用户，由于地理位置分布的原因，采取线上和线下访谈结合的方式，总共历时 10 天。用户具体情况见表 1。

表 1　样本用户信息

用户序号	性别	年龄	职业	所在地	访谈方式
1	女	25	会计事务所会计	上海	线上
2	女	24	研究生	兰州	线下
3	女	29	管理咨询顾问	济南	线下
4	女	22	本科生	南京	线上
5	男	26	程序员	北京	线上
6	男	26	公务员	莱芜	线下
7	男	26	银行会计	日照	线下
8	男	28	机械培训师	德国汉堡	线上

2）研究过程

首先，进行用户访谈，了解样本用户日常使用 LBS 服务的行为特点、习惯及背后的态度和动机；其次，请样本用户以自报告形式记录自己的 LBS 服务使用情况，进行日志法研究，历时 7~10 天，以更完整地了解样本用户使用 LBS 时的情境；最后，日志记录结束后，进行总结终访。

由于访谈前并无法准确地知晓用户使用 LBS 服务的影响因素，所以整个用户访谈属于探索性研究，要把重心放在如何发掘用户的日常使用行为、背后的动机，以及影响用户持续使用或者停止使用的因素。另外，一般来说样本用户难以准确描述产品使用阶段自己的心理活动，因此获取的数据缺乏准确性，所以进行用户访谈时，我们应该避免对用户进行直接简单的询问，而是通过诱导的方式让用户主动回忆并讲述自己最近使用 LBS 服务的经历，尽最大可能准确地向我们表述当时的使用场景，进行位置标记的原因，使用过程中有什么关注的问题，影响自己继续使用或停止使用 LBS 的因素，等等。

在初次用户访谈结束后，我们要求样本用户配合我们进行为期一周的日志法研究，自行记录他们使用 LBS 时的情境和细节，保持每三天进行一次沟通的频率。除了提交使用日志，还要进行简单的访谈，由用户主动对过去三天使用细节进行复述，如时间、地点、动机、情境，同时查看样本用户在移动社交平台上的 LBS 发布记录，更详细地捕捉用户使用 LBS 服务的影响因素。为期一周的日志法结束后，对样本用户进行一次终访。

3）定性分析

结合上述用户研究方法，我们对得到的报告进行整理，总结出了若干影响使用 LBS 服务的因素。在使用 LBS 服务前，用户考虑的主要因素包括：

（1）朋友和熟人的推荐。

（2）社交 APP 中与 LBS 相关的激励机制或因 LBS 而获取的更多的有用信息会促使用户使用 LBS。

（3）好友使用 LBS 的频率、积极性。

（4）社交 APP 本身的口碑会影响用户使用 LBS。

（5）用户之前在该 APP 的 LBS 使用体验的好坏，会影响用户决定是否继续使用 LBS 服务。

（6）社交 APP 中 LBS 服务的感知有用性。

（7）LBS 隐私问题的新闻或负面报道。

（8）社交 APP 中与其他用户的熟悉程度。

（9）用户所在地点对用户来说是否敏感。

在 LBS 服务使用过程中，影响用户的因素包括：

（1）社交 APP 自身隐私保护功能或措施是否完善。

（2）使用 LBS 服务时是否有良好的体验和感受。

（3）用户对 LBS 相关的信息是否有足够的控制权。

（4）用户是否被告知 APP 如何使用其 LBS 信息。

（5）社交 APP 是否允许用户对自己的 LBS 相关信息进行自定义设置。

样本用户对 LBS 服务的个人期望如下：

（1）期望社交 APP 的 LBS 功能使用简单方便。

（2）期望 LBS 功能可以为自己带来更多有用信息。

（3）期望用户可以对 LBS 相关的信息具有相对完全的控制权，如加密与否、指定人群可浏览。

（4）期望运营商可以推出更好的隐私保护机制。

4）人物角色示例

腾讯公司的用户研究与体验设计部曾在其著作中指出，人物角色是建立在人的行为和动机基础上的用户模型，在设计过程中可以代表真实的用户群，帮助研发人员更好地把握目标用户群体特征[9]。

通过对前期用户研究数据、LBS 用户行为、态度、动机的整理，我们通过聚类分析形成了三类用户角色来区分用户特征，并结合使用频率、动机、态度、行为等维度进行细分，具体内容见表 2。

表 2　用户特征

项目	使用特征		
	高频率型	中频率型	低频率型
使用频率	一日多次	一日一次左右	一周四次左右
使用动机	分享心情，分享每日生活周边信息	日常生活记录	与好友分享，记录新奇事物
使用行为	发布消息时一般会伴有 LBS 定位，内容多元化，如购物、旅游、美食	记录每日生活见闻，发布日常感悟等	定位时常伴有新奇事物，或与好友分享
使用态度	用户体验非常好	习惯性使用	使用时比较新奇
使用偏好	随时随地使用	生活记录必备	与朋友分享心情
人物角色代表	1 号　阮××	2 号　张×× 5 号　王×× 6 号　刘××	3 号　刘×× 4 号　孙×× 7 号　王×× 8 号　Jochen

对 8 位样本用户的人物角色进行整理后，1 号、2 号和 8 号的人物角色在用户群体方面具有较强的代表性，详见附录 1~附录 3（出于隐私保护考虑不提供角色照片）。

2.4　LBS 隐私关注影响因素的提取

通过规范的用户研究，18 项影响因素和用户期望被聚类为 LBS 服务质量、感知风险和信任三个维度。

2.4.1　隐私关注文献归纳

1）文献整理

Kim 等基于认知、个性、经历、信息服务质量对电商环境下消费者隐私关注影响因素进行分类[10]；Chai 等发现，用户的隐私关注受到各方面不同维度因素的影响，包括用户的自我效能、感知信息重要性、用户的受教育水平及群体隐私意识等[11]；S. S. Choi 和 M. K. Choi 发现隐私关注受信息类型的显著影响[12]；在研究互联网环境下的隐私问题时，Phelps 等发现消费者隐私关注和隐私披露意愿受信息质量显著影响[13]；Malhotra 等研究发现信息的重要程度与消费者隐私关注呈正相关关系，与隐私披露行为呈负相关关系，较好的服务质量可以在一定程度上降低隐私担忧[14]。综上，提出如下假设。

H1：LBS 服务质量与 LBS 隐私关注水平呈负相关关系。

周涛和鲁耀斌在对移动商务环境的研究中指出，隐私关注由信息收集、二次使用、信息错误、不适当访问四个一阶维度构成，能够对用户的信任和感知风险产生显著影响，进而间接影响用户的采纳行为[15]。Cheshire 等认为影响用户隐私关注的主要因素涵盖了信息控制、网络谨慎、不良事件经历、信任、IT（information technology，即信息技术）知识等方面[16]；Weible 的研究中指出，在特定的情境中，信息敏感度与用户隐私忧虑呈正相关关系，从而引发用户对个人隐私安全的关注[17]；2009 年，在对移动广告进行研究时，Okazaki 等发现信息敏感度会增加用户的风险担忧，提高隐私关注程度[18]。综上，提出如下假设。

H2：LBS 感知风险与 LBS 隐私关注水平呈正相关关系。

Jang 和 Stefanone 在对博客进行研究时发现，发布者的隐私关注会受个人属性、环境感知、身份感知等因素的影响[19]；Yao 和 Zhang 认为熟悉程度和使用频率显著促进了用户在使用互联网时的隐私关注[20]；Taylor 等通过研究证明隐私关注和信任之间呈显著的负相关关系，同时一定程度的收益可以降低用户的隐私关注程度[21]；Carrasco 和 Miller 认为用户个人性格属性、连带强度、使用频率、交流频率等会直接影响社交网络用户的行为[22]。综上，提出如下假设。

H3：LBS 信任与 LBS 隐私关注水平呈负相关关系。

2）用户研究的数据支持

根据文献整理后的 LBS 隐私关注影响因素分类，对用户研究过程中总结出的影响 LBS 使用的因素进行归纳，其中三类影响因素包含如下测量项。

LBS 服务质量：

（1）社交 APP 的口碑。

（2）用户过去和现在的使用体验及感受。

（3）LBS 服务本身的有用性。

（4）因 LBS 而获取的更多的有用信息会促使用户使用 LBS。

感知风险：

（1）用户知道的关于 LBS 隐私问题的新闻或负面报道。

（2）LBS 位置标记的地点对用户是否敏感。

（3）谁可以访问我的 LBS 位置信息。

（4）社交 APP 在 LBS 方面是否有良好的隐私保护策略。

信任：

（1）朋友或熟人的推荐。

（2）好友们的使用频率以及积极性。

（3）与其他 LBS 用户的熟悉程度。

（4）社交 APP 是否明确告知用户其对 LBS 信息的使用方式。

（5）社交 APP 是否允许用户对自己的 LBS 相关信息进行自定义设置。

（6）用户感受到的对 LBS 位置信息的控制权。

将文献综述与用户研究相结合，我们初步筛选出 7 个影响 LBS 隐私关注的因素，即信息质量、信息有用性、不适当访问、隐私安全性、不良事件经历、熟悉程度、信息强制性。

根据文献综述和用户研究的数据，我们初步提出假设 H4 和 H5。

H4：LBS 信息质量与 LBS 服务质量呈正相关关系。

H5：LBS 服务的有用性与 LBS 服务质量呈正相关关系。

在信息系统中，非授权用户应当无权限查看某些信息，用户不希望在使用某一产品或服务时向服务商提供的个人信息泄露给其他不相关的人[23]；朱庆华等提出，隐私的安全性与用户感知风险相关，并显著影响 LBS 的使用感受[24]；郭龙飞在社会网络用户隐私关注的相关研究中提到，不良事件经历会显著提升用户的感知风险，媒体的负面曝光也会增加用户的风险担忧[25]。在用户研究的结果中也可以看到不适当访问、隐私安全性、不良事件经历对用户行为的影响。综上，我们提出以下假设。

H6：不适当访问与 LBS 感知风险呈正相关关系。

H7：隐私安全性与 LBS 感知风险呈负相关关系。

H8：不良事件经历与 LBS 感知风险呈正相关关系。

张冕和鲁耀斌借助"刺激-机体-反应"（S-O-R）模型（图 1），将隐私安全风险和信息强制性作为移动服务的负面任务属性特征，认为信息强制性会增强用户对服务商的不信任感[26]；苹果公司的 iPhone 手机在 2014 年被曝出其系统默认开启的定位服务会在用户不知情的前提下默认记录用户的位置信息，根据用户停留的时间、前往该地点的次数，推测出用户的家庭、公司等常用地点，并在地图上主动标注[3]；而且当前大部分手机端 APP 在初次启动时都会要求获取使用 GPS（global positioning system，即全球定位系统）的权限，否则不予提供相关软件服务；Carrasco 和 Miller 在社交网络的研究中提出"邻居效应"，即用户之间的熟识度会促进参加社交活动的意向，增强信任和用户黏性[22]；Lenhart 和 Fox 在保护动机理论的基础上提出了外部信息隐私关注（external information privacy attention，EIPA），他人的行为会对个人隐私保护行为产生影响[27]。在用户研究的结果中，用户对 LBS 环境的熟悉程度，以及 LBS 环境下的信息强制性都对用户持续使用具有显著影响。综上，我们提出以下假设。

H9：熟悉程度与 LBS 信任呈正相关关系。

H10：信息强制性与 LBS 信任呈负相关关系。

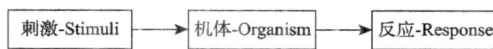

图 1　S-O-R 模型

2.4.2　LBS 隐私关注模型的建立

根据上文提出的假设，我们建立了 LBS 隐私关注初始模型，如图 2 所示。

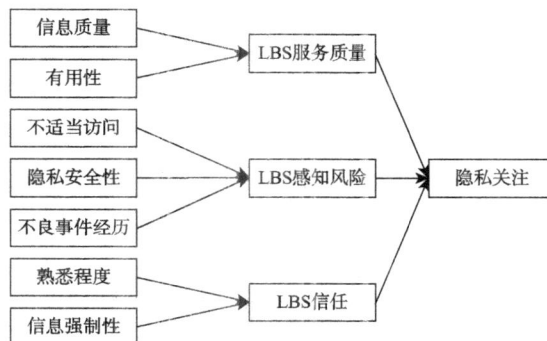

图 2　LBS 隐私关注初始模型

3　实证研究

3.1　数据获取

实证研究属于验证性研究阶段。本阶段的数据获取时间为 2014 年 12 月至 2015 年 2 月，数据来源包括用户访谈期间的线下数据收集、问卷星网站的样本服务，以及问卷的在线发放回收。本阶段共收集问卷 259 份，剔除无效问卷后，有效问卷数量为 237 份。对收集的样本进行人口统计分析、社交 APP 中 LBS 服务使用情况统计、LBS 服务使用时间统计、LBS 隐私受侵犯频率统计分析及隐私关注各影响因素的描述性统计分析，分别见下文。

1）样本的人口统计分析

表 3 为样本的人口统计分析。

表 3　样本的人口统计分析

类别		频数（N=237）	百分比/%
性别	男	132	55.7
	女	105	44.3
年龄	19~24 岁	49	20.7
	25~30 岁	108	45.6
	31~35 岁	52	21.9
	35 岁以上	28	11.8
教育程度	高中及以下	5	2.1
	专科	31	13.1
	本科	131	55.3
	硕士	60	25.3
	博士及以上	10	4.2
月收入水平	<2 500 元	21	8.9
	2 500~4 000 元	47	19.8
	4 000~5 500 元	82	34.6
	5 500~7 000 元	66	27.8
	7 000 元以上	21	8.9

2）社交 APP 中 LBS 服务使用情况统计

我们对移动社交 APP 中 LBS 服务的使用情况进行了统计，从图 3 中可以看出，在 237 份样本中，使用或使用过移动 QQ 和微信中位置服务的比例最高，可达 87.30%和 89.90%，新浪微博和人人网紧随其后，而其他基于 LBS 的社交 APP 的使用率却相对较低。

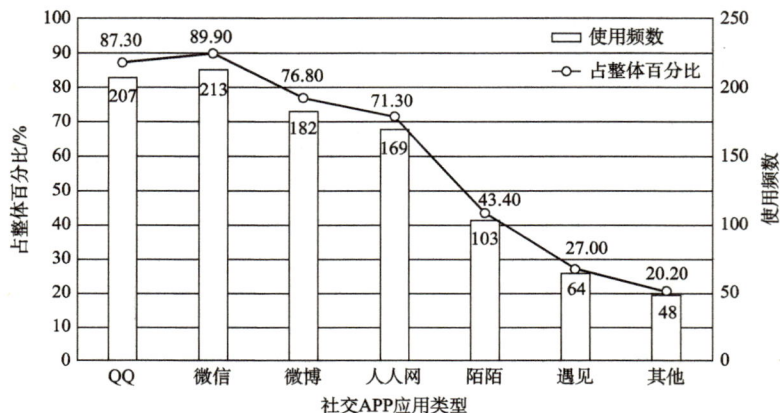

图 3　LBS 服务使用情况统计

3）LBS 服务使用时间统计

根据统计分析，由图 4 可以看出，样本中大多数用户使用 LBS 服务的时间都在 1~3 年，说明样本的质量较高，用户对 LBS 服务有丰富的使用体验和感受，能够很好地反映 LBS 使用情况，并解决我们的研究问题。

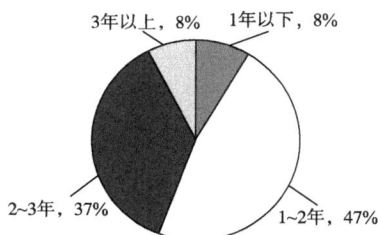

图 4　LBS 服务使用时间统计

4）LBS 隐私受侵犯频率统计分析

通过对使用 LBS 服务过程中隐私被侵犯的情况统计，由图 5 可以看到绝大多数的用户都处于"很少"和"偶尔"被侵犯的现状，说明有很大的可能性用户对隐私侵犯的感知较差。

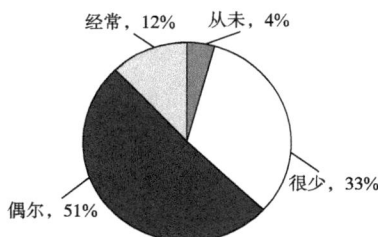

图 5　LBS 隐私受侵犯频率

5）隐私关注各影响因素的描述性统计分析

对影响用户 LBS 隐私关注的 3 个维度下的 7 个因素进行描述性统计分析（表 4），发现均值分布在 5~6.1，可以说明用户对隐私因素有较高感知。

表 4　隐私关注各影响因素描述性统计分析

影响因素	N	最小值	最大值	均值	标准差	方差
信息质量	273	2	7	5.69	0.933	0.870
有用性	273	3	7	5.04	0.812	0.659
不适当访问	273	3	7	5.78	0.963	0.927
隐私安全性	273	2	7	6.01	0.927	0.860
不良事件经历	273	2	7	5.33	0.801	0.642
信息强制性	273	4	7	5.92	1.028	1.057
熟悉程度	273	2	7	5.45	0.905	0.819

3.2　信效度分析

对信效度的分析以及后期模型的路径分析均采用 Visual PLS 1.04，对信度的描述我们采用 Cronbach's α 和组合信度（composite reliability，CR）。Cronbach's α 值若超过 0.7，则数据可靠性较强；若在 0.5~0.7，则数据可靠性一般，但仍可以进行分析。对于 CR，最低可接受值为 0.7。从表 5 可以看出，各个构念的 Cronbach's α 值均大于 0.7，说明样本具有较高的信度；每个构念的 CR 值都大于 0.7，说明各构念具有良好的内部一致性。

表 5　信度检验

潜在变量	观测变量个数	Cronbach's α	CR
LBS 服务质量（SQ）	3	0.706	0.724
感知风险（PR）	3	0.729	0.767
信任（TR）	2	0.772	0.791
信息质量（IQ）	3	0.735	0.752
有用性（PU）	3	0.766	0.784
不适当访问（IA）	4	0.780	0.812
隐私安全性（PS）	3	0.714	0.733
不良事件经历（AE）	3	0.752	0.778
信息强制性（IM）	2	0.788	0.805
熟悉程度（FD）	3	0.702	0.740
隐私关注（PC）	3	0.726	0.758

对效度的检验分为内容效度和建构效度。由于测量指标均来自于规范的用户研究和学者前期的成果，因此内容效度较高。建构效度分为收敛效度和区分效度。收敛效度由因子载荷系数和平均提取方差（average variance extracted，AVE）来反映，因子载荷和 AVE 都需大于 0.5，同时 T 检验值需大于 1.96；区分效度的检验采用比较各因子间完全标准化相关系数与因子自身 AVE 平方根的值。由表 6 和表 7 可以看出，观测变量的因子载荷系数都大于 0.5，AVE 大于 0.5，T 检验值大于 1.96，各因子的 AVE 平方根均大于与其他因子的相关系数，说明观测变量设计合理，具有良好的收敛效度和区分效度。

表 6　观测变量载荷系数、T 检验值和 AVE

潜在变量	测量问项	载荷系数	T 检验值	AVE
信息质量	服务种类多、范围广泛	0.589	2.206	0.740
	反馈的信息清晰易懂	0.865	4.728	
	信息更新快、质量好	0.715	10.040	
有用性	更好地与好友互动	0.776	7.743	0.652
	使生活更加便捷	0.575	4.186	
	发现 LBS 服务有用	0.571	13.780	
不适当访问	非授权用户查看信息	0.774	5.769	0.785
	非授权用户发送消息	0.746	11.685	
	APP 运营商应阻止非授权访问	0.573	4.760	
	APP 运营商不恰当地使用我的 LBS 信息	0.673	5.671	
隐私安全性	安全技术保障强大	0.573	8.820	0.677
	隐私保护政策完善	0.810	3.427	
	隐私管理机制可靠（用户可以自定义）	0.570	10.786	
不良事件经历	APP 存在安全问题	0.793	3.497	0.631
	APP 为了盈利而牺牲我的隐私	0.676	8.400	
	隐私泄露事件的报道影响我使用 LBS	0.565	4.230	
熟悉程度	与 APP 中其他用户都是熟识的	0.687	7.033	0.537
	与 APP 中其他用户关系融洽	0.800	5.237	
	对 APP 的 LBS 功能操作熟练	0.508	4.398	

续表

潜在变量	测量问项	载荷系数	T 检验值	AVE
信息强制性	APP 强制开启 GPS	0.568	9.335	0.501
	APP 根据 LBS 位置推送不需要的信息	0.790	10.560	
LBS 服务质量	基于 LBS 提供的信息的质量	0.557	11.506	0.693
	LBS 服务的有用性	0.548	13.654	
	LBS 服务是持续稳定、总是可用的	0.842	3.564	
感知风险	对 LBS 信息的不适当访问	0.535	7.857	0.795
	对隐私安全的担忧	0.749	9.136	
	不良事件经历	0.728	12.043	
信任	信息强制性	0.691	9.408	0.628
	对 LBS 环境是否熟悉	0.547	6.329	
隐私关注	提供 LBS 信息时感到担忧	0.793	7.339	0.632
	认为 LBS 信息可能被滥用或盗用	0.767	9.488	
	认为用户对 LBS 信息应有最高控制权	0.684	12.462	

表 7　AVE 值平方根及因子相关系数

变量	IQ	PU	IA	PS	AE	FD	IM	SQ	PR	TR	PC
IQ	0.860										
PU	0.605	0.807									
IA	0.347	0.592	0.886								
PS	0.284	0.412	0.417	0.823							
AE	0.491	0.611	0.480	0.536	0.794						
FD	0.602	0.688	0.577	0.508	0.659	0.733					
IM	0.708	0.704	0.553	0.392	0.627	0.708	0.708				
SQ	0.472	0.456	0.390	0.446	0.451	0.465	0.397	0.832			
PR	0.558	0.585	0.453	0.614	0.396	0.227	0.261	0.415	0.891		
TR	0.347	0.458	0.625	0.187	0.433	0.215	0.242	0.339	0.411	0.792	
PC	0.475	0.672	0.674	0.365	0.241	0.298	0.475	0.643	0.383	0.619	0.795

3.3　模型路径分析及结果

本文使用 Visual PLS 1.04 对 LBS 隐私关注模型各潜在变量的因果关系假设进行验证,如图 6 所示。

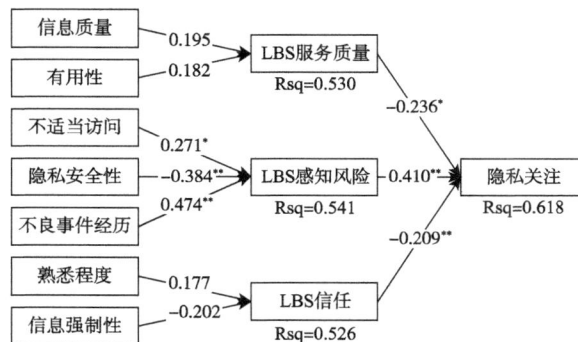

图 6　标准化路径系数

**表示在 0.01 显著水平下显著，*表示在 0.05 显著水平下显著

由标准化路径系数可以看到，所有的假设中均得到数据的支持。另外，方差解释率 Rsq 也均在 0.5

以上，说明隐私关注、LBS 服务质量、感知风险、信任均可以被很好地解释。假设检验结果见表 8，模型的路径均得到显著支持。

表 8　潜在变量因果关系检验

假设	因果关系	T 检验值	结果
H1	LBS 服务质量与 LBS 隐私关注负相关	−2.292	显著
H2	感知风险与 LBS 隐私关注正相关	4.360	显著
H3	信任与 LBS 隐私关注负相关	−2.454	显著
H4	LBS 信息质量与 LBS 服务质量正相关	2.136	显著
H5	LBS 服务有用性与 LBS 服务质量正相关	2.238	显著
H6	不适当访问与 LBS 感知风险正相关	3.249	显著
H7	隐私安全性与 LBS 感知风险负相关	−4.546	显著
H8	不良事件经历与 LBS 感知风险正相关	5.080	显著
H9	熟悉程度与 LBS 信任正相关	2.074	显著
H10	信息强制性与 LBS 信任负相关	−2.733	显著

4　结论与局限性

4.1　研究结论

（1）LBS 隐私关注模型的观测变量全部通过检验。

（2）LBS 服务质量对隐私关注的负向影响显著，说明 LBS 服务的整体质量提升可以降低用户对隐私的关注，APP 运营商方面应尝试从各个方面提高服务质量。

（3）感知风险对隐私关注的正向影响显著，说明 LBS 用户在使用 APP 的 LBS 功能时，如果感觉当前操作或者操作环境达不到其对安全的需求，可能会放弃使用 LBS 功能。

（4）信任对隐私关注的负向影响显著，说明当 LBS 用户的信任感增强时，使用过程中的隐私关注也随之降低，这也是符合正常逻辑的。

（5）信息质量和有用性对 LBS 服务质量的正向影响显著，说明 LBS 服务的使用过程中，如果 LBS 推送的信息让用户感到满意，抑或用户在使用 LBS 服务时感觉到其非常有用，可以满足不同需求，那么用户对 LBS 服务质量的认可度也会显著增强。

（6）不适当访问和不良事件经历对感知风险的正向影响显著，隐私安全性对感知风险的负向影响显著，说明运营商的隐私保护策略欠佳的情况下，用户感觉使用 LBS 服务是有风险的，同时还可能会伴有陌生用户的不适当访问等问题。另外，媒体报道或者用户亲身经历的 LBS 隐私事件，也会让用户在使用 LBS 过程中感觉到较高的风险性。所以，运营商除了要树立良好的公众口碑，更要建立完善的隐私保护体系，免除用户的后顾之忧。

（7）对 LBS 使用环境的熟悉程度对信任正向影响显著，信息强制性对信任的负向影响显著，说明当用户使用 LBS 时，鉴于 LBS 信息公开的特性，与 APP 中其他好友的熟悉程度、对 APP 操作环境的熟悉程度都会影响到对 LBS 服务的信任；而当前很多 APP 向用户强制推送基于用户 LBS 位置的营销信息，或强行在用户不愿意的情况下开启 GPS 服务进行定位，这类行为均会降低用户对 APP 和 LBS

服务的信任。

4.2　有待进一步解决的问题及未来工作展望

鉴于各方面条件限制，研究还存在一定的不足，主要表现在以下几个方面。

（1）隐私关注作为一种主观上的感受，难以进行完全客观的量化计算，而且这种感受会因为受教育程度、地域、政策、个体差异等因素而有所不同。在用户研究阶段，限于时间、物质因素等客观条件，取得的样本用户数相对较少，且样本用户的多样性、差异性并不十分明显，在一定程度上可能导致结果的误差。

（2）由于经验不足，在用访谈法和问卷法进行研究时，在话题和问项的设置及选择上可能不够周全。

（3）在提取隐私关注影响因素的过程中，受限于研究进度、产品使用经验、行业经验等，无法对影响因素进行更加深入的、更加全面的概括和总结，一定程度上存在遗漏的情况。

（4）实证研究验证模型的过程中，样本数相对较小。

（5）本文的主要研究平台围绕新浪微博客户端、微信等主流移动社交应用，未考虑对其他小众的移动社交平台以及基于 LBS 的团购 APP 等平台的适用性。

4.3　研究总结

针对 LBS 的研究大都集中在 LBS 的概念、应用和技术层面，很少有学者对 LBS 的隐私问题在用户层面进行系统的研究，而当前越来越多的 LBS 隐私侵犯案例导致用户数的减少和用户黏性的降低，因此，从用户感知的层面对 LBS 隐私关注问题进行研究迫在眉睫。本文从理论方面弥补了以往从用户层面对 LBS 隐私关注研究的不足，突破了传统的匿名性研究框架，以用户研究为基础，从真实的用户行为规律入手，建立起 LBS 隐私关注模型，并使其在 LBS 隐私关注影响因素方面具有更强的解释能力，同时也为移动社交 APP 运营商的开发提供了相关建议。

参 考 文 献

[1]　199IT. 2014 年中国移动互联网行业深度报告[EB/OL]. http://www.199it.com/archives/256419.html，2014-07-18.

[2]　易观智库. 基于 LBS 的 O2O 发展专题研究报告 2013[EB/OL]. http://www.enfodesk.com/SMinisite/newinfo/reportdetail-id-397217.html，2014-01-10.

[3]　CCTV 央视网. 苹果手机定位：定位记录用户行踪 [EB/OL]. http://news.cntv.cn/2014/07/11/VIDE1405041665250359.shtml，2014-07-11.

[4]　张丞. 移动互联网隐私泄露研究[D]. 北京邮电大学硕士学位论文，2013.

[5]　Wong L. 用户研究如何入门？[EB/OL]. http://www.zhihu.com/question/20662776，2014-09-02.

[6]　站长之家. 用户研究的理念、过程及方法论[EB/OL]. http://www.chinaz.com/news/2011/0519/181462.shtml，2011-05-09.

[7]　戴力农. 设计调研[M]. 北京：电子工业出版社，2014.

[8]　Rieman J. The diary study：a workplace-oriented research tool to guide laboratory efforts[C]. Proceedings of the INTERACT'93 and CHI'93 Conference on Human Factors in Computing Systems，1993：321-326.

[9]　腾讯公司用户研究与体验设计部. 在你身边，为你设计：腾讯的用户体验设计之道[M]. 北京：电子工业出版社，2013.

[10]　Kim D J，Ferrin D L，Rao H R. A trust-based consumer decision-making model in electronic commerce：the role of trust，perceived risk，and their antecedents[J]. Decision Support Systems，2008，44（2）：544-564.

[11] Chai S，Bagchi-Sen S，Morrell C，et al. Internet and online information privacy：an exploratory study of preteens and early teens[J]. IEEE Transactions on Professional Communication，2009，52（2）：167-182.

[12] Choi S S，Choi M K. Consumer's privacy concerns and willingness to provide personal information in location-based services[C]. The 9th International Conference on Advanced Communication Technology，2007，（3）：2196-2199.

[13] Phelps J，Nowak G，Ferrell E. Privacy concerns and consumer willingness to provide personal information[J]. Journal of Public Policy & Marketing，2000，19（1）：27-41.

[14] Malhotra N K，Kim S S，Agarwal J. Internet users' information privacy concerns（IUIPC）：the construct，the scale，and a causal model[J]. Information Systems Research，2004，15（4）：336-355.

[15] 周涛，鲁耀斌. 隐私关注对移动商务用户采纳行为影响的实证分析[J]. 管理学报，2010，7（7）：1046-1051.

[16] Cheshire C，Antin J，Churchill E. Behaviors，adverse events，and dispositions：an empirical study of online discretion and information control[J]. Journal of the American Society for Information Science and Technology，2010，61（7）：1487-1501.

[17] Weible R J. Privacy and data：an empirical study of the influence of types of data and situational context upon privacy perceptions[D]. Mississippi State University，1993.

[18] Okazaki S，Li H，Hirose M. Consumer privacy concerns and preference for degree of regulatory control[J]. Journal of Advertising，2009，38（4）：63-77.

[19] Jang C Y，Stefanone M A. Factors influencing Bloggers' perceived indentifiability[C]. IEEE International Conference on Intelligence and Security Informatics（ISI 2009），2009：31-36.

[20] Yao M Z，Zhang J. Predicting user concerns about online privacy in Hong Kong[J]. Cyberpsychology & Behavior，2008，11（6）：779-781.

[21] Taylor D G，Davis D F，Jillapalli R. Privacy concern and online personalization：the moderating effects of information control and compensation[J]. Electronic Commerce Research，2009，9（3）：203-223.

[22] Carrasco J A，Miller E J. Exploring the propensity to perform social activities：a social network approach[J]. Transportation，2006，33（5）：463-480.

[23] 周涛，鲁耀斌. 基于社会影响理论的虚拟社区用户知识共享行为研究[J]. 研究与发展管理，2009，21（4）：78-83.

[24] 朱庆华，孙霄凌，曹银美. 用户感知视角下的移动位置服务质量要素研究[J]. 情报杂志，2014，33（5）：175-182.

[25] 郭龙飞. 社交网络用户隐私关注动态影响因素及行为规律研究[D]. 北京邮电大学博士学位论文，2013.

[26] 张冕，鲁耀斌. 隐私安全与强制信息对移动服务用户行为的影响机制研究[J]. 商业时代，2014，（1）：41-42.

[27] Lenhart A，Fox S. Bloggers：A portrait of the internet's new storytellers[R]. Pew Internet & American Life Project，2006.

The Study of Influencing Factors That Affect LBS Users' Privacy Concern in Social APPs

LIU Luchuan，AN Zhaoyu

（College of Management Science and Engineering，SDUFE，Jinan 250014，China）

Abstract：Aimed at users' privacy concern while using LBS（Location Based Service）in social APP，we use UCD（User Centered Design）for reference，combine with interviews，logs to proceed an exploratory research，so as to find out the influencing factors of LBS users' privacy concern. On the basis of the previous investigation，we present the concept model of LBS users' privacy concern through literatures，then collect data for questionnaire inquiry，in the end we verify the model with Visual PLS. The results indicates that the quality of LBS service is negatively associated with LBS privacy concern，perceived risk is positively associated with privacy concern，trust is negatively associated with privacy concern. We also get the relationships among quality of LBS service，perceived risk，trust and other variables.

Key words：Mobile social networking，LBS，Privacy concern，Privacy protection

作者简介

刘鲁川（1959—），男，山东财经大学管理科学与工程学院教授、博士生导师，山东青岛人，研究方向：与IT/IS相关的管理与行为问题研究等。E-mail：lu_chuan@126.com。

安昭宇（1990—），男，山东财经大学管理科学与工程学院2012级硕士研究生，研究方向：管理信息系统用户行为、电子商务。E-mail：anzhaoyu2008@126.com。

附录1 高频率型人物角色1号阮××

【个人信息】

姓名：1号阮××。

地址：上海。

职业：KPMG上海分所职员。

年龄：25岁。

学历：本科。

收入：8 000~10 000元。

关注：旅行、美食、购物。

【关键差异】

a. 每日多次使用LBS服务。

b. 发布的内容涵盖各个方面。

c. 对隐私的担忧相对较弱。

d. 社交平台上的好友数超过700人，被关注数超过6 000人。

【使用LBS服务的情况】

使用时间：4年。

LBS位置标记数：各平台总数超过1 000条。

是否有隐私忧虑：不强烈。

【个人描述】

1号阮××本科毕业于华东政法大学，从小家境优越，毕业后就职于毕马威会计事务所，收入丰厚，加上自己在上海长大，对美食、购物、时尚、旅行等元素都很感兴趣。

阮××从2011年开始接触各类社交APP，并且对LBS功能使用较为频繁，尤其是在商场、美食场所、旅游景点等地具有较高的发布数量。以前最多使用的是QQ空间手机版、人人网手机客户端，现在主要使用新浪微博手机客户端和微信手机客户端。

阮××每天使用社交APP客户端的时间大约有3个小时，平时只要时间允许她就会使用LBS功能发布消息，与朋友线上互动。另外，使用微博的"微博位置"功能时，系统会基于当前位置向她推荐附近的美食、店铺及其他用户在该位置发布的比较受关注的消息，这让她觉得LBS功能很有用。

【用户行为】

每天发布LBS相关信息的频率非常高，主要是美食店、购物广场等。

【用户态度和观点】

对当前社交APP的LBS服务十分满意，认为以后还会继续使用，并推荐自己的朋友也使用。另外，她并不十分担心LBS服务的隐私问题，认为运营商应该有很好的隐私保护机制，同时，自己的朋友圈大都是相熟的人，而且自己发布 LBS 位置信息中基本不涉及自己的家庭住址和工作地点。

附录 2　中频率型人物角色 2 号张××

【个人信息】

姓名：2 号张××。

地址：甘肃兰州。

职业：兰州大学在读学生。

年龄：24 岁。

学历：研究生。

收入：800~1 000 元。

关注：旅行、美食、时尚。

【关键差异】

a. 每日使用 LBS 服务一次左右。

b. 发布的内容主要关于自己日常的学校生活和感悟。

c. 对 LBS 服务的隐私问题具有一定的担忧。

d. 社交平台上的好友数超过 500 人，被关注数超过 1 500 人。

【使用 LBS 服务的情况】

使用时间：4 年。

LBS 位置标记数：各平台总数超过 600 条。

是否有隐私忧虑：中等。

【个人描述】

2 号张××本科和研究生都就读于兰州大学，主修专业是汉语言文字，平日喜欢泡图书馆，去健身房健身，在学校周边搜索一些美食，并且定期会参加一些远途的旅行。

张××从 2010 年开始接触各类社交 APP，开始的时候对 LBS 功能并不是很感兴趣，后来发现使用 LBS 功能和同学在人人网上互动比较有趣，并且可以在社交平台上对一些自己喜欢的地点进行标记，分享给好友，所以使用频率逐渐增高，现在主要使用 LBS 位置服务来记录一下平日生活中有趣的事情，保持与好友的交流。在她的 LBS 使用记录中，近期由于在写毕业论文，所以学校图书馆、操场、健身房的标记数比较多。另外在 2014 年，张××到重庆、新疆、武汉、扬州等地旅行，因此 LBS 位置签到记录中也有很多伴随着个人感悟的旅游景点的标注。以前最多使用的是人人网手机客户端，现在主要使用新浪微博手机客户端和微信手机客户端。

张××每天使用社交 APP 客户端的时间有 2~3 个小时，平时只要看到了生活中有趣的事情她就会使用 LBS 功能发布消息，并且主动@分享给朋友。另外，在使用微博和微信的 LBS 服务时，张××会考虑个人隐私的问题，因此她从不在宿舍、家庭、自习室等地进行位置标记。

【用户行为】

发布的 LBS 相关信息基本是用来记录自己的生活轨迹，其内容与当前的学习生活状况密切相关。

【用户态度和观点】

对当前社交 APP 的 LBS 服务较为满意，认为以后还会继续使用，但是也希望运营商能够基于 LBS 服务开发出更多有用的功能。另外，张××对 LBS 服务的隐私问题存在一定忧虑，她认为除了运营商应该具有良好的隐私保护政策，自己也要有所注意，所以她尽量保持自己的朋友圈内都是相熟的人，或者在发布 LBS 相关信息时，采取"指定陌生人不可见"等方式保证个人隐私安全。

附录 3　低频率型人物角色 8 号Jochen

【个人信息】

姓名：8 号 Jochen。

地址：德国汉堡。

职业：机械培训师。

年龄：28 岁。

学历：工程硕士。

收入：7 000~9 000 元。

关注：旅行、游乐。

【关键差异】

a. 平均每周使用 LBS 服务 3~4 次。

b. 发布的内容主要关于自己的旅行见闻。

c. 对 LBS 服务的隐私问题具有较高的担忧。

d. 社交平台上的好友数约 300 人，被关注数约 600 人。

【使用 LBS 服务的情况】

使用时间：3 年。

LBS 位置标记数：各平台总数约 500 条。

是否有隐私忧虑：较高。

【个人描述】

3 号 Jochen 是德国人，硕士毕业后便被位于德国的公司总部派遣到中国工作，主要负责培训职业技术学院的学生，教如何操纵大型机械的转向轮。Jochen 工作过的地点主要有上海、济南、北京等国内一二线城市。在空闲的时间，他喜欢到处旅行，2013 年和 2014 年两年中，他的足迹遍布国内外。

Jochen 从 2011 年年初开始接触各类社交 APP 客户端并使用 LBS 功能，可能由于德国人天生的严谨的态度，他对 LBS 功能的使用一直比较谨慎。平时在社交平台发布消息的频率是每周 6~8 次，其中带有 LBS 位置标记的约占一半。对 Jochen 在微信朋友圈内的 LBS 位置标记进行统计可以明显发现，绝大多数的定位都来源于旅行当中。例如，在 2014 年，Jochen 在朋友圈内发布了定位在希腊、不莱梅、纽约等地区的图片状态。Jochen 一直对微信的手机客户端黏性较高，除此之外，当他在国外的时候还会使用 Twitter 和 Facebook 的手机客户端。

Jochen 每天使用社交 APP 客户端的时间有 1~2 个小时，平时只有当他到达未曾涉足过的地点，或者在旅途当中时，才会相对频繁地使用 LBS 服务进行记录和分享。另外，在使用微信和 Facebook 等 APP 的 LBS 服务时，Jochen 对隐私问题的关注较高，因此，他每次发布带有地理位置的状态时，都会事先仔细考虑。

【用户行为】

发布的 LBS 相关信息基本是用来记录自己的旅行和所见的新奇事物，频率相对较低。

【用户态度和观点】

对当前社交 APP 的 LBS 服务持有中立的态度，认为以后还会继续使用，但是仍然保持谨慎。Jochen 对 LBS 服务的隐私问题关注较多，他认为任何 LBS 信息的发布都是伴随着一定风险的，所以平时在使用社交 APP 的 LBS 服务时都会在发布前确认该地点是否合适、都有哪些人能够看到、是否会影响私人生活等问题。

信息系统学报
第 17 辑：19-29

China Journal of Information Systems
19-29

软件测试中的游戏化元素研究
——基于手机测试的多案例研究[*]

王亚飞，杨波，王星，田金英

（中国人民大学 信息学院，北京 100872）

摘　要　在软件测试中引入游戏化思维，可以增加软件测试的趣味性，提高测试效率。本文选择了三家不同规模企业的软件测试项目进行多案例研究，探究哪些类型的游戏化元素适用于软件测试项目及不同职位的人员适用哪些游戏化测试类型。研究结果表明，游戏化的引入可以提高软件测试项目的效率与质量，改善项目组内部的工作氛围，降低员工的离职率。然而，过分关注积分化奖励机制、排行榜差距过大及单纯的数量竞赛，反而可能导致测试质量的下降。

关键词　游戏化，软件测试，案例研究

中图分类号　C931.6

1　引言

　　游戏化的思维是指运用游戏设计的思想和游戏的元素，对非游戏的活动进行重组，这样的目的是激发人们的兴趣，使一些枯燥的活动变得生动起来[1]。目前，游戏化思维在很多领域都得到了应用，如支付宝通过将抢红包游戏化，使更多的用户注册支付宝，并且绑定自己的账号，赢取了更多的活跃用户；招商银行信用卡应用，通过游戏的方式使用户赚取积分或者合作商家的优惠券，进行购物或再次消费，并可以让用户免息或者低利息分期限偿还本金，增加了用户对招商银行的依赖。很多公司也在内部针对员工的工作内容进行游戏化的设计，引入积分、排行榜、徽章等游戏化的元素，调动员工的积极性，提升工作的绩效。

　　随着目前计算机和手机的快速发展，软件测试的需求越来越大，尤其是面对 Windows 系统、苹果系统、Office 软件、安卓系统这样庞大的软件系统时，测试的工作会更加繁杂和枯燥。在软件测试工作中，测试人员经常要面对重复的用例执行、压力测试和小概率问题复现，大多测试执行人员都遵循着单一的流程，即用例执行—提交缺陷—验证缺陷，这种枯燥乏味的工作造成人员流失率高、员工的劳动积极性低，从而影响了工作效率。在软件测试中引入游戏化思维，可以增加软件测试的趣味性，激发测试人员的兴趣。但是，哪些类型的游戏化元素适用于软件测试项目，针对软件测试项目中不同职位的人员哪些类型的游戏化更加适用，都是需要解决的问题。

　　本文采用案例研究的方法，以三个不同规模、不同类型软件企业中的测试项目为研究对象，通过分析、归纳，总结出相关结论。本文的结构安排如下：第二部分是文献综述，通过国内外游戏化的最新研究文献，为进一步的深入研究提供理论依据。接下来是研究方法和案例分析，通过深度访谈收集数据，并进行案例分析、归纳，总结得出相关命题和结论。最后是相关的总结和研究展望。

* 基金项目：国家自然科学基金项目（91546125，71072147）。

　　通信作者：杨波，中国人民大学信息学院经济信息管理系，E-mail：yangbo@ruc.edu.cn。

2　文献综述

2.1　游戏化

游戏化的思维是指运用游戏设计的思想和游戏的元素，对非游戏的活动进行重组，这样的目的是激发人们的兴趣，使一些枯燥的活动变得生动起来[1]。游戏化是指非游戏情境中使用游戏元素和游戏设计技术，它涉及三个概念——游戏元素、游戏设计技术和非游戏情境[2]。

游戏化（gamifying）最早可以追溯到 1980 年，埃塞克斯大学（University of Essex）的教授、多人在线游戏的先驱理查德·巴特尔（Richard Bartle）率先提出这一概念。它的原意是"把不是游戏的东西（或工作）变成游戏"。第一次明确使用"游戏化"（gamification）这个概念是在 2003 年。英国的游戏开发人员尼克·培林（Nick Pelling）开设了一家顾问公司，为电子游戏设计界面。Deterding 等强调游戏化是指在非游戏领域中运用游戏设计要素，以激励用户积极参与，留住老用户。同时他们侧重识别游戏系统中的游戏要素，探讨可借鉴来提高用户参与度的游戏技术、游戏设计方法和游戏机制[3]。Lounis 等调查了在参与游戏化的服务过程中两种游戏元素（激励型和社区协作）对用户体验的影响。结果表明，在参与的过程中，选择社区协作作为一种互动形式在体验乐趣方面呈现出了很大的不同，而实现一个目标相对于接受一个折扣优惠就没有呈现出这种差异[4]。此外，社会因素是对于预测游戏化服务的态度和使用意图最强的影响因素[5]，不同性格对于游戏化愉悦感的影响也不同[6]。

Kevin Werbach 是全球开设游戏化的相关课程的第一人，在沃顿商学院教给学生在人力资源、可持续性、创新、客户和市场营销等商业领域运用游戏化，并预言，"游戏化将成为改变未来商业的新力量，其基本规则永远不会过时"[2]。游戏化的核心是帮助我们从必须做的事情中发现乐趣，让流程有趣从而使商业产生吸引力[1]。Gartner Inc 的报告指出，在 2015 年，多个组织在管理创新过程中，有一半会使用游戏化，在 2014 年，在消费品营销和客户维护方面应用游戏化，将变得和脸谱、易趣网或亚马逊一样重要。在全球 2 000 个组织中，有 70%的组织至少拥有一个游戏化应用[7]。

但不是所有情况都能够游戏化，也不是所有的玩乐活动都能带来正面影响[8]。与游戏般的玩乐相比，员工无目的、无规则的嬉戏对提升学习和掌控能力帮助不大，甚至在一定程度上降低员工的参与度和工作表现，产生破坏性作用[9]。Zicherman 认为，在游戏化的设计中，人们所犯的最大的错误就是为游戏提供现金或实物的奖品。为此，他提出正确的奖励方式是 SAPS［status（地位），access（权限），power（权力），stuff（实物）][10]。

国内关于游戏化的研究主要集中在教育和营销领域。张静根据高校游戏化学习系统理论模型，对学习者初始技能进行分析，选择游戏类型，设计游戏化学习策略，确定了系统开发技术与体系结构[11]。在企业管理中，王世颖总结了工作中游戏化的三要素，即参与者、规则、愉悦，最终的关键点就是"愉悦"。另外，她提倡在工作中增加"意外的惊喜"，去打破重复劳动的枯燥感[12]。某款游戏化办公软件的总经理潘韬提到，奖金不是唯一的奖励办法，员工在解决了基本的温饱问题之后，需要有一种荣誉感或认可感[13]。

2.2　软件测试

软件测试不仅仅是发现错误的过程。测试软件就是在可控的预置条件下操作软件的过程，其目的是确认软件行为符合产品规格说明、发现错误和验证软件符合用户的需求[14]。

在软件测试领域，软件开发的早期阶段可以使用游戏化来提升知识的协调性[15]。Makabee 描述了如何使用游戏化使开发人员愿意进行代码的测试，通过引入游戏化引导程序员完成测试[16]。Hoischen 研究了在测试版本（beta 测试）中引入游戏化，同时指出要引导测试者的关注点，发现深层次的问题[17]。微软的工程师罗斯·史密斯在本地化测试中引入了积分排行榜，让微软各地区的员工参与本地化的测试[2]。为了有效地执行游戏化策略并与测试者有效交流，他们建议建立一个综合门户网以便用来指导测试员，发布排行榜、当天的挑战问题、小测验及奖金计分。这将帮助测试者全面了解他们的分数和排名。这里谈论的策略是游戏化中呈现的多种策略的子集。尽管游戏化能帮助获得更多奖金，但如果不被正确执行，就会得到负面结果，如当评分或评估缺陷有效性的过程不透明时，以及不恰当的交流频率。选择恰当的策略是执行游戏化中最重要的任务[18]。

2.3　理论缺陷

游戏化与游戏化营销作为一种崭新的理论与营销模式，并未形成权威可靠、受众多学者认同的理论。因此，国内外学者仍需将游戏化与游戏化营销的理论进行进一步的完善。此外，游戏化思维还需要更多的实证研究[19]。

国外的研究表明，在软件测试中引入游戏化思维，可以增加软件测试的趣味性，激发测试人员的兴趣。但是，哪些类型的游戏化元素适用于软件测试项目并没有提及。而国内引入游戏化思维，绝大多数是在教育领域，在测试领域的游戏化研究甚少。

因此，本文针对三个不同的软件测试案例进行了研究，通过软件测试中的游戏化元素的研究，识别出什么类型的游戏化元素适用于软件测试项目，以及针对软件测试项目中不同职位的人员哪些类型的游戏化更加适用。

3　研究设计

3.1　案例选择

在案例研究中，研究者一般对研究对象没有控制能力，只是真实发生的事件和行为的观察者。案例研究方法适合于研究"怎么样"和"为什么"，或者解释"是什么"的问题。本文的研究重点是识别出什么类型的游戏化元素适用于软件测试项目，以及针对软件测试项目中不同职位的人员哪些类型的游戏化更加适用。所以本文的研究适合采用案例研究的方法。

与其他研究方法相比[12, 20]，案例研究方法可以给出案例更详细的描述和更系统性的理解。单案例的研究，由于仅仅涉及一个背景条件下的事件和流程，可能导致说明的不完整。多案例的研究可以使我们跨案例来深入观察不同情境下的流程和结果，为我们在构建理论上提供了更为深入的描述和有利的解释[14]。

相比于单案例研究，多案例的方式更适用于探索性案例研究。探索性的案例研究一般不在案例调研之前预设假设，而是通过对调研案例的分析来探索建立一种新的理论。多案例研究要更有说服力，更能真实地反映真实世界的情况。多案例研究的结果更具备推广性、适用性，外在效度较高[11, 21]。因此，本文采用的是多案例的研究方法。

本文选择了三个不同的软件测试项目作为本文的案例研究对象，案例选择的理由主要包括以下几点。

（1）这三家企业分别是外企 500 强企业、民营 500 强企业和初创型企业，三个案例的测试团队涵盖了不同的组织形式、不同的规模，既包括开发团队横跨国内外的大型测试项目，也有 3 个测试人员负责测试的小型 APP 测试项目，这可以保证本文案例的丰富性。

（2）这三家企业测试的管理形式也是多样化的，既包括整体的测试外包，也包括外包测试和内部测试相结合的混合形式，也包括完全自主的测试，这可以为本文的研究发现提供可比较的证据。

（3）此外，本文的一位作者就是这三个案例中的一家企业的测试人员，他在这个公司工作了 5 年，参加了大型外包测试项目的整个过程，对本文中所讨论的案例有着深入的观察。

本文的研究分为两个阶段，在访问案例企业之前，我们先准备了访谈提纲。对于质性研究来说，有些学者推荐[11, 21]预先确定访谈的问题和数据的收集计划。特别是对于多案例研究来说，采用预先确定的数据收集计划可以使数据的收集更系统，也可以增加结果的可比较性[22]。基于这些学者的建议，本文在参考游戏化思维主要相关文献的基础上，拟定了访谈提纲。第二个阶段，本文选择了三个典型案例，实施调研，进行相关问题研究。

3.2 案例背景

本文所选取的这三家案例公司的背景情况见表 1。

表 1 案例公司背景

公司	性质	测试规模	是否外包
公司甲	外企，500 强	300 人以上	是
公司乙	民营，500 强	不到 100 人	混合
公司丙	私营，初创	3 人	否

案例一：甲公司曾经是全球最大的手机制造商，世界 500 强的外资公司，目前已经被某大型软件企业收购。其在北京的研发中心主要负责手机产品的研发，拥有多个高、中、低档的手机型号。测试人员分为本公司和多家外包公司，本公司测试人员主要负责技术研究和相关管理工作。外包公司的主要职责是根据 A 公司制订的测试计划进行用例执行和相关测试任务。本案例项目是某型号手机的测试工作，主要由 3 家外包公司负责进行测试执行。测试执行在甲公司自己的本部执行，测试 case（用例）的结果标注、bug（缺陷）的提交都有明确的规范和模板。

案例二：乙公司为 2014 年《财富》世界 500 强公司，是目前国内最大的电信设备制造商。本案例涉及的项目组为位于北京的手机开发团队。乙公司手机的测试部门，是按照不同的产品线划分为不同的团队，每个团队负责一款或多款不同型号的手机测试工作。团队中有乙公司员工，主要负责项目管理、需求分析、用例编写、新技术研究、疑难问题的解决等测试工作，而团队中的外包人员，则主要负责测试用例的执行、问题的提交与验证、测试报告的整理等。

案例三：丙公司是一家小型民营公司，成立三年，主要做安全类服务和大数据分析，公司总人数 300 多人。本案例涉及的项目为某款手机安全类应用的测试，全部测试人员 3 名，其中 1 名组长负责分配任务，同时也要执行测试任务。3 位测试人员均是有 5 年以上工作经验的高级测试工程师。测试和开发人员均是本公司员工，没有项目外包。

3.3 数据收集

本文的数据收集主要是在 2014 年夏天，3 个案例都是北京的企业。我们共对 3 个供应商进行了 10 次正式的和非正式的访谈。为了让研究尽可能的真实可靠，在访谈人员选择上尽可能广泛，涉及了测试中的不同岗位、不同教育背景和不同工作年限的测试项目组人员，涵盖了测试经理、测试组长、高级测试工程师、初级测试工程师。访谈的情况列表详见表2。数据的收集采用了访谈和现场观察两种方法。

表2 访谈数据来源

案例	访谈人	职位	学历	职位描述	访谈时间/小时
案例一	A	外包测试工程师	本科	执行分配的测试用例，提交问题，跟踪并回归问题	1.5
	B	高级测试工程师	本科	测试环境搭建，培训外包测试人员，研究新功能的测试方法、新测试工具的使用方法，编写测试用例，少量执行测试用例	1
	C	测试经理	研究生	跟踪项目负责产品的质量，按照测试计划安排项目组内测试工作，与客户沟通进度和任务	2
	D	初级测试工程师	本科	学习测试流程和测试系统的相关知识，并执行安排的简单测试任务与用例	1
案例二	E	测试接口人	本科	就测试中的问题，与销售、运营及客户进行沟通。把客户的测试需求传递到测试项目组	1
	F	自动化测试工程师	本科	编写自动化工具和自动化脚本，执行自动化测试，根据不同机型调试自动化用例	1
	G	外包测试组长	本科	把收到的测试任务分配给组内人员执行，跟踪测试进度，解决测试中遇到的问题，编写测试报告，管理外包测试组内成员	1.5
	H	测试工程师	大专	执行分配的测试用例，提交问题，跟踪并回归问题	1
案例三	I	测试工程师	本科	管理测试设备、测试卡，编写测试用例，执行分配的测试用例	1
	J	测试组长	本科	编写测试用例，执行分配的测试用例，提交问题，跟踪并回归问题，编写测试报告	2

所有的访谈都采用了现场录音和后期记录的方法。两个作者参与了所有访谈，两个研究助理也参与了访谈并帮助进行了访谈记录。两个作者比较了记录，并对照录音进行检查，最后形成了整合的版本。我们还从公司网站、新闻及报告中收集了其他的相关信息。

3.4 数据分析

数据分析是案例分析的关键程序之一。一般由于被访者不了解访谈者的研究方向，往往提供的数据对于访谈者来说是零散的、重点不突出、想到哪里说到哪里，为了进一步分析，访谈者需要对数据重新整理、归类，再进行共性研究，深入挖掘研究。本文就是借鉴了扎根理论的研究思路，在访谈结束后，将访谈中的录音转为文本，从收集的资料中自下而上地进行编码分析。在扎根理论的方法中，先根据访谈记录进行开放性编码，然后通过不同项目的访谈纪要进行关联式编码，最后找到重点，提炼结论，也就是选择性编码的过程。

开放性编码阶段，主要是对访谈资料中的词、句和片段进行概念化、抽象化的提炼。提炼的过程由访谈者完成，访谈者需要先清楚自己的研究方向，然后根据研究方向和研究思路对被访者提供的数据进行概念化提炼。在访谈过程中，部分被访对象对访谈题目不是很理解，需要访谈者做进一步解释，在纪要中有所标识。此外，在分析中，研究者会加入分析型备忘，帮助研究者对材料中的一些问题进行思考，有必要的话会进行二次访谈。开放性编码完成后，研究者从访谈材料中抽取出了一些名词和概念，也就是编码。然而这些编码此时是散乱的，互相之间的关系并没有理清，此时所进行的就是关联式编码。在这一阶段，各个概念之间的关系得到了整理，并且通过对它们之间相互关系的思考和分析，将其整合成更抽象层次的"范畴"，同时确定相关范畴的性质和维度。编码的最后一步是选择性编码。在这一阶段，编码的任务主要是系统地处理各个范畴之间的关系，从而确定核心范畴和次要范畴，并在此基础上提炼出理论观点。

整个数据分析过程大致可以分为两个步骤：步骤一，通过对案例资料的研读，通过三角验证的方法归纳总结软件测试中的游戏化元素；步骤二，结合案例访谈资料及相关的内部文献资料等数据，对不同的游戏化元素适用的软件测试项目类型进行归纳分析。

4 案例描述与分析

4.1 案例描述

案例一：当手机软件发布后，有一些 bug 通过简单的测试是无法复现的，公司安排了一个测试小组，他们的职责是尽可能地复现问题，找出问题出现的规律，或者抓取到概率出现问题的 log（日志），提供给开发人员进行分析定位。这样的工作非常枯燥，测试人员需要几十次甚至上百次重复问题描述的步骤。案例一企业把几家外包测试公司组织到一起，进行游戏化的问题复现活动，命名为 Test Camp（测试营）。在这个活动中，不同的测试外包公司选派的人员集合到一个大的会议室，会议主持人会将需要复现的问题写在黑板上，并根据问题的严重程度对 bug 进行排行。然后规定在两个小时内，对相关问题进行复现，如果哪位测试人员复现出了黑板上的问题，并找到了相应的规律，现场奖励问题发现者一部手机。排名和获奖情况邮件告知各个外包公司测试主管。为了避免长时间测试产生疲劳感，每隔 2 个小时会有 20 分钟的茶歇时间，大家可以吃些小零食，聊聊天，说说自己都做了哪些测试，为下半场的继续测试做好相应的工作。

另外，Test Camp 中同样也鼓励测试人员发现黑板列出的问题之外的 bug，如果主持人觉得发现的问题也很严重，如造成了手机的死机或重启，也会奖励发现者一部手机。

案例二：测试部门对不同的测试项目组织了 bug 猎手的排行榜活动。主要规则是根据提单数量和缺陷级别（发现一级问题得 5 分；发现二级问题得 3 分；发现三级问题得 1 分；发现四级问题得 0.5 分）两项记分，个人总分=（一级问题数量×5）+（二级问题数量×3）+（三级问题数量×1）+（四级问题数量×0.5）。按照不同测试项目的时间要求，分别规定在一个星期到一个月之内，谁的总分最高将获得相应的奖励，并给予 bug 猎手称号。

案例三：该项目只有 3 名测试人员，这 3 名测试者的水平大致相当，他们在执行用例的时候，把相应的测试用例按照人数分成 3 部分，通过抽扑克牌比大小，点数大的测试者优先挑选测试用例。"扑克"只是其中的一个选择方式，其游戏的核心内容就是打乱原本有序和预定的工作，在工作中添加随机性的内容。在测试规定时间内完成任务的测试工程师，可以将节省的时间放入休假银行，积攒休假时间。公司经常发起 beta 测试，目的是让公司的其他项目组同事安装试用测试项目组开发的手机应用软件，并提出问题或改进意见。公司的人力资源部门给全公司发邮件，附上手机应用 beta 版本，让大家在一周内众测，使用并提意见。发现问题总数排名前三位有 300 元/200 元/100 元的购物卡赠送，还特意制作了一个条幅，写着"你找问题，我送礼"，并将排行榜的结果通过邮件发给公司的所有员工，测试取得了不错的效果。

通过案例的分析，我们得出了如表 3 所示的软件测试中的 5 个游戏化元素。

表 3　案例中的游戏化元素

游戏化元素	元素具体内容	元素的说明
时间压力	每段测试限制在 2 个小时内完成（案例一）	时间限制
	bug 猎手活动通常在一周到一个月之间（案例二）	进度限制
	一周时间内进行众测（案例三）	进度限制
竞争机制	邀请多家分包公司，多个资深测试人员参加（案例一）	不同公司、不同测试人员之间的竞争
	bug 猎手的排行榜活动（案例二）	测试人员之间的竞争
	众包测试排行（案例三）	全公司所有人员竞争
娱乐机制	问题现场复现，每隔 2 个小时的茶歇（案例一）	现场比赛
	发现 1 个一级问题相当于找到 10 个四级问题的分值（案例二）	不同得分机制
	通过扑克或抽签的形式选择任务（案例三）	随机任务分配
奖励机制	现场发现指定或严重问题有手机奖励（案例一）	悬念，超预期的物质奖励
	bug 猎手排行	排行榜和奖励
	休假银行，发现问题总数排名前三位有 300/200/100 元的购物卡赠送（案例三）	排行榜和奖励
荣誉机制	排名和获奖情况邮件告知各个外包公司测试主管	获得表扬的荣誉感，受到领导的认可
	bug 猎手称号	荣誉感
	排行榜将邮件发送全体员工	荣誉感

4.2　案例分析

4.2.1　时间压力

软件测试通常都有时间进度要求，为了保证软件测试按时按质完成，在游戏化思维中引入时间压力因素就是必要的选择。在案例一中，Test Camp 规定在两个小时内，对相关问题进行复现。案例二是按照不同测试项目的时间要求，分别规定在一个星期到一个月之内，实施游戏化测试。案例三是让大家在一周内众测，使用并提意见。这些测试都在实施游戏化中加入了时间压力的元素。

三个案例中测试项目都加入了时间压力元素，时间压力增加了测试项目的挑战性，也增加了软件测试参与人员的积极性。

4.2.2　竞争机制

案例一中 Test Camp 邀请了多家外包测试公司组织到一起，每个公司选出 3 名善于发现问题的测试工程师参与，促进了不同公司、不同测试工程师之间的竞争。案例二组织 bug 猎手的排行榜活动，测试工程师竞争 bug 猎手称号。案例三采用众包测试的方式，让公司内部的员工在一周内对手机应用程序进行众测，使用并提意见。

通过对访谈者深度访谈分析，我们发现积分和排行榜等竞争机制更适合于规模较大的测试项目。积分和排行榜可以促进外包公司之间或项目组内部测试工程师之间的竞争，有利于测试绩效的提高。

案例一的测试经理对于 Test Camp 评价是，"我们会选出觉得找 bug 能力强的人员去参加 Test Camp，这对于不同的外包公司来说私底下也是在竞争，因为派出人员如果发现疑难问题多，从另外一个方面体现了我们测试人员素质高，发现问题的能力强，会对我们的测试结果更加信任。而且，通过这个活动，也便于发现优秀的员工，以后可以重点培养""这个活动最初设计就是想让大家都聚在一起，复现疑难问题，之所以要把大家集中起来，是为了监控进度和质量。活动实施后的效果出乎我们的意料，发现的问题数量有明显的上升，最近一次 Test Camp 活动，列出的 3 个问题有 2 个都复现了，还额外发现了 2 个引起崩溃的 bug 和其他一些小问题。另外也让我们有机会和测试人员交流和沟通，听听他们在测试中遇到的困难和问题，让我们有针对性地优化流程和绩效考核点。还有一个好处是大家不是仅仅以任务驱动去测试，而是对发现问题有了内在的动力，能够发现严重的问题，不仅会得到物质奖励，同时也会得到领导和同事的赞许"。

案例二的测试执行人员 H 对于 bug 猎手活动的好处这样描述："最初来公司的时候，由于是新人，对业务不熟悉，bug 猎手最初对我来说意义不大，但当我对业务和测试过程熟悉之后，我发现自己发现问题的能力在逐渐靠近排行榜前几名，这给我带来了动力，自己的工作好像找到了目标感，尤其是当发现自己已经排名第三位的时候，会更加努力地去发现问题，有时候在工作之外，也经常拿出测试的手机来使用，让自己发现更多的问题。"

但是，在小型项目组内进行排行榜，反而可能会影响组内的团结。因为有了排行榜，测试人员更倾向于执行对名次上升有直接帮助的任务，这样其他任务就会受到轻视。这点在采访案例三的测试组长时得到了证实，"我们测试小组人比较少，刚开始我们在小组内实施 bug 排行榜，以发现问题的多少作为绩效考核的主要指标，实施了一段时间后发现，像回归问题、复现问题、写报告这样的任务，小组成员都不愿意做，因为这些任务是几乎不能发现新 bug 的，做了对绩效没有帮助。由于效果不理想，后来取消了组内的 bug 排行与绩效挂钩的制度"。

4.2.3　娱乐机制

案例一的外包测试工程师 A 表示，"首先，能够去客户那里参加测试活动，可以不用在公司执行用例，算是一种工作的调味剂。其次，不同公司的测试人员在一起可以有交流和沟通，比工作环境要更轻松活跃。最后，参加活动既有免费的饮料食品，如果发现了严重问题，还有各种的奖励，没准还能赢得一部手机，多好!"

案例二的测试组长 G 提到，"不难看出，bug 排行榜的前几名，大多是经验丰富的老员工，一是由于他们经验丰富，之前见到的问题多了;二是如果只是从 UI（user interface，即用户界面）和表面功能找问题，你会发现这样很难进入 bug 排行榜，因为发现一个致命问题会得到 5 分，一个严重问题会得到 3 分，而一个提示问题仅仅才能得到 0.5 分，所以发现一个严重问题相当于找到 6 个提示性问题的分值。要想找到致命和严重的问题，只有通过不断地学习，了解模块功能的原理，或者从 log 中找到问题，你才能更多地发现这类问题。所以从另一方面，bug 猎手给测试人员带来了娱乐感和测试乐趣，推动测试人员不断地学习进步，发现严重的问题"。

案例三中采用扑克牌比大小的方式，引入随机性的游戏，避免同一测试者长时间地执行同一个模块带来的疲劳与厌烦。

3 个案例中软件测试项目都加入了娱乐机制。娱乐机制可以增加软件测试项目的趣味性，在一定程度上消除了枯燥的软件测试项目给测试人员带来的疲劳和厌烦。

4.2.4　奖励机制

3 个案例在游戏化测试中都采用了奖励的机制。案例一采用了 Test Camp 现场发现指定或严重问题给予手机奖励的措施;案例二每个月根据 bug 猎手排行进行手机和充值卡的奖励;案例三采用了节省测试时间积累休假，以及在众包测试中发现问题总数排名前三位给予 300 元/200 元/100 元的购物卡奖励。

但是，对于不同的测试人员，奖励措施所发挥的作用也是各不相同的。

初级测试执行人员大多是研发中福利待遇不高的，并且还有一部分测试执行人员是外包员工，他们不仅待遇比同岗位的测试人员低，而且对企业的归属感也低。能够直接带来利益、改善生活质量的金钱就理所当然地成为最有效的刺激因素。

测试经理往往都是 30 岁以上，是测试领域的专家，他们的福利待遇要比测试执行者高很多，并且由于年龄因素，家庭和工作的稳步发展，他们对于小数额的金钱刺激兴趣不大。同时，排行榜对他们的意义也不大，他们对排行榜带来的金钱或小的物质奖励不敏感。

4.2.5　荣誉机制

3 个案例在游戏化测试中都引入了荣誉机制来鼓励测试人员的参与。案例一会将 Test Camp 的排名和获奖情况邮件告知各个外包公司测试主管；案例二会对优秀的测试人员授予 bug 猎手称号，并在工作场所张贴排行榜；案例三也会将众包的测试排行榜以邮件形式发送全体员工。

我们在分析中发现，外包测试经理人员更加在乎的是荣誉机制，即公司对其工作成果的认可。案例一公司项目的测试经理提到："在工作中，最高兴的是当项目结束时，客户对测试质量满意后，领导授予我们'最佳测试团队奖'，还额外给我们批了 1 500 元的团队建设奖金，大家可以用这些钱出去聚餐。"案例二的测试组长说："很少听说测试经理直接弄排行榜的，倒是可以考虑给予徽章的奖励，徽章越多，说明测试经理的能力越强，绩效越高。"

5　结论及未来工作展望

本文采用案例研究的方法研究软件测试中的游戏化元素问题，在深度访谈的基础上，对 3 个案例进行了比较研究，得出了如下结论。

（1）软件测试的游戏化元素通常包括时间压力、竞争机制、娱乐机制、奖励机制、荣誉机制。

（2）积分和排行榜等竞争机制更适合于规模较大的测试项目，积分和排行榜可以促进外包公司之间或项目组内部测试工程师之间的竞争，有利于测试绩效的提高。

（3）小型项目组内进行排行榜，可能会使测试人员更倾向于执行有助于名次上升的任务，而忽视其他任务。

（4）对于测试经理，其对排行榜带来的金钱或小的物质奖励不敏感，排行榜激励意义不大。

本文的主要理论贡献在于聚焦于软件测试这种繁杂、枯燥工作的游戏化元素的研究，本文的研究也补充了游戏化思维在软件测试领域研究的不足。本文的研究成果可以对现有的游戏化思维理论提供一定的补充。同时，本文的研究也具有一定的实践价值。研究的成果可以对软件测试企业的游戏化提供一定的借鉴和参考。

但是，本文一些地方也存在着研究的不足。首先，本文的调研和访谈案例主要是集中于 3 个企业的测试项目，访谈的对象大部分是一线的工程师，这三个案例没有对软件开发方的高级经理进行访谈。这使数据存在一定代表性的问题，在一定程度上降低了本文研究的效度。其次，本文只是对软件测试中的游戏化因素进行了解释，并没有进行大规模调查问卷的验证，下一步的研究将进一步探究软件测试中游戏化因素和软件测试绩效之间的关系。

参 考 文 献

[1]　Werbach K，Hunter D. For the Win：How Game Thinking can Revolutionize Your Business[M]. Philadelphia：Wharton Digital Press，2012.

[2]　韦巴赫 K，亨特 D. 游戏化思维：改变未来商业的新力量[M]. 周逵，王晓丹译. 杭州：浙江人民出版社，2014.

[3] Deterding S, Sicart M, Nacke L, et al. Gamification: using game-design elements in non-gaming contexts[C]. International Conference on Human Factors in Computing Systems, 2011, 373 (36): 2425-2428.

[4] Lounis S, Pramatari K, Theotokis A. Gamification is all about fun: the role of incentive type and community collaboration[C]. ECIS 2014 Proceedings, 2014.

[5] Hamari J, Koivisto J. Social motivations to use gamification: an empirical study of gamifying exercise[C]. European Conference on Information System, 2013.

[6] Codish D, Ravid G. Personality based gamification: how different personalities perceive gamification[C]. ECIS 2014 Proceedings, 2014.

[7] Burke B. Gartner says by 2015, more than 50 percent of organizations that manage innovation processes will gamify those processes[EB/OL]. http://www.gartner.com/newsroom/id/1629214, 2011-04-12.

[8] Webb E N. Gamification: When it Works, When it Doesn't. Design, User Experience, and Usability. Health, Learning, Playing, Cultural, and Cross-Cultural User Experience[M]. Berlin: Springer Verlag, 2013.

[9] Owler K, Morrison R, Plester B. Does fun work? The complexity of promoting fun at work[J]. Journal of Management & Organization, 2010, 16 (3): 338-352.

[10] Zicherman G. Cash is for SAPS[EB/OL]. http://www.gamification.co/2010/10/18/cash-is-for-saps/, 2010-10-18.

[11] 张静. 高校游戏化网络学习系统的研究与设计[D]. 中南大学硕士学位论文, 2008.

[12] 王世颖. 游戏化思维看管理[J]. 商学院, 2014, (8): 12.

[13] 涂兰敬. 用游戏化思维激活员工执行力[N]. 中国计算机报, 2014-07-14.

[14] 侯俐. 软件测试技术[J]. 硅谷, 2009, (7): 21.

[15] Marshburn D G, Henry R M. Improving knowledge coordination in early stages of software development using gamification[C]. Proceedings of the Southern Association for Information Systems Conference, Savannah, GA, USA March 8th-9th, 2013: 123-128.

[16] Makabee H. TDD and the gamification of testing[EB/OL]. http://effectivesoftwaredesign.com/2011/11/21/tdd-and-the-gamification-of-testing/, 2011-11-21.

[17] Hoischen R. Gamification in software testing and QA[EB/OL]. http://www.gdcvault.com/play/1019243/Gamification-in-Software-Testing-and, 2013.

[18] Gudipati M, Bhallamudi J B. 众包测试中的游戏化[EB/OL]. http://blog.csdn.net/qiansanjia/article/details/38413835?locationNum=14&fps=1, 2014-07-04.

[19] 蔡万明. 游戏化及游戏化营销的文献综述[J]. 商, 2014, (12): 68.

[20] 吴统雄. 态度与行为研究的信度与效度: 理论、应用、反省[J]. 民意学术专刊, 1985, (2): 29-53.

[21] 赵丹妮. 浅析企业游戏化的应用与意义[J]. 艺术与设计: 理论版, 2013, (Z1): 39-41.

[22] 赵婷婷, 吴清津, 官燕, 等. 工作场所中玩乐的作用机制与乐趣氛围的营造[J]. 企业改革与管理, 2014, (4): 93.

Research on Gamification Elements in Software Testing — A Multi-case Study Based on Mobile Phone Testing

WANG Yafei, YANG Bo, WANG Xing, TIAN Jinying

(School of Information, RUC, Beijing 100872, China)

Abstract Introducing gamification in software testing can make it more interesting and improve the testing efficiency. This paper presents the analysis based on interviews with software testers in three different software-testing projects. We mainly studied what kind of gamification elements are applied to software testing projects and specifically what kind of gamification elements are applied to people in different positions. The results indicate that gamification can improve the efficiency and quality of projects to improve internal project team working atmosphere, reduce employee turnover. And we found that too much attention to the integration of incentives, ranking disparity is too large and just the number of competition in software testing may also lead to a decline to test quality.

Key words　Gamification，Software testing，Case study

作者简介

王亚飞（1984— ），男，中国人民大学信息学院管理科学研究生，研究方向：IT 外包。E-mail：wangyafei0519@hotmail.com。

杨波（1968— ），男，中国人民大学信息学院副教授，研究方向：IT 外包、电子商务。E-mail：yangbo@ruc.edu.cn。

王星（1992— ），女，中国人民大学信息学院管理科学研究生，研究方向：IT 外包、电子商务。E-mail：wangxing_ruc@163.com。

田金英（1992— ），女，中国人民大学信息学院管理科学研究生，研究方向：IT 外包、电子商务。E-mail：1034160849@qq.com。

信息系统学报
第 17 辑：30-43

China Journal of Information Systems
30-43

云存储背景下影响在线好友邀请项目成功的因素研究*

史楠[1, 4]，丁一[2]，王刊良[3]

（1. 上海对外经贸大学 工商管理学院，上海 201620）

（2. 西安交通大学 管理学院，陕西 西安 710049）

（3. 中国人民大学 商学院，北京 100872）

（4. 上海对外经贸大学 数据科学与管理决策重点实验室，上海 201620）

摘　要　随着云存储服务的兴起，云存储服务供应商需要吸引更多的潜在用户，在线好友邀请项目应运而生。成功的在线好友邀请项目有助于快速拓展商家的客户资源。本文将社会距离和感知社会风险引入研究当中，对邀请发起者和邀请接收者双方进行研究，目的在于达成更多的成功在线好友邀请。社会距离对邀请双方的参与意愿均具有显著影响，感知社会风险具有部分中介作用。研究结果对在线好友邀请项目的设计给出了建议。

关键词　在线好友邀请项目，社会距离，感知社会风险，云存储服务

中图分类号　F272.3

1　引言

网络应用服务指的是基于互联网的，在网络应用层面上开发和使用的网络服务。相对于发展较为成熟和稳定的基础网络服务，网络应用服务由于面向所有连入互联网的消费者，竞争十分激烈，这要求互联网产品或服务必须不断创新、细化服务市场，并找到有效的盈利途径。云存储服务是目前应用广泛的一种网络应用服务。云存储源于云计算的概念，是通过集群应用、网格技术或者分布式文件系统等将各种不同类型存储设备通过应用软件集合起来协同工作，共同对外提供数据存储和业务访问功能的系统。对于云存储服务供应商来说，云存储通过集约化存储方式节省数据存储成本，提高信息分享效率，用户数越多，云存储的效益越高；对于云存储服务用户来说，减少了自费购买硬件的数据存储成本，跨平台的数据存取也给用户提供了便利。

为了快速吸引用户，部分云存储服务供应仿照 Paypal 的营销模式，采用了在线邀请返利项目营销。最早的云存储服务供应 Dropbox 为了迅速推广产品，扩大用户规模，鼓励用户邀请他人注册并使用云存储服务。Dropbox 改进了邀请返利模式，采用双向获利的邀请机制，以自身服务作为返利。在被邀请者成功注册后，邀请者和被邀请者都能获得额外 250M 存储空间的奖励。这种营销模式的采用获得了很好的营销效果：每天近 30%的新注册来自邀请注册。云存储服务供应商作为提供技术服务的互联网企业，在云存储发展的初始阶段快速拓展客户资源就意味着更快地占有市场，从而主导云存储行业的发展。因此，在线好友邀请项目对云存储服务供应商具有举足轻重的作用，如何快速有效地借助现有用户的社会关系来拓展客户资源是云存储服务供应商关心的第一要务。

利用现有客户的社会关系来进行营销是一种传统的营销手段，但在互联网环境下，信息技术提高

---

*　基金项目：国家自然科学基金重点项目（71331007，71231002）。

通信作者：王刊良，中国人民大学商学院教授、博士生导师，E-mail：klwang@ruc.edu.cn。

了这种传统营销手段的效率。信息技术有助于好友邀请的快速传播，也便于好友邀请成功之后的返利分配[1]。好友邀请这种营销方式由于其快速有效的传播和精准的邀请定位吸引了众多商家的关注，不同的邀请方式层出不穷。

商家在不断寻求行之有效的好友邀请方式的时候，也发现好友邀请这种商业信息在通过消费者社会关系传播时会遇到一些阻力。好友邀请的双方会感受到这种商业信息的潜在风险，从而产生对好友邀请的抵触心理。由于好友邀请是借助消费者的社会关系来进行传播的，亲近或疏远的社会关系就会存在相应的社会风险。好友邀请双方感知的社会风险是感知风险的一种。感知风险理论来源于心理学，消费者在做任何消费决策的时候，都无法预期其决策的结果是否会达到满意，甚至有些结果会导致消费者的不愉快。这种消费决策中隐藏的不确定性就是感知风险[2]。感知社会风险是消费者担心决策会带来的社会压力而产生的风险。我们研究中的感知社会风险定义为，好友邀请过程中，邀请发起者或接收者所感知的发起或接受邀请行为可能引起他人的不赞同等不利后果的可能性。在感知社会风险之外，好友邀请双方的社会距离也决定着其相应的行为模式。好友邀请一旦与特定社会距离的行为模式相抵触，就会影响好友邀请参与者的意愿，从而影响最终的成功率。

本文将云存储服务作为研究背景，以平均分配云存储空间作为好友邀请的激励机制，结合社会距离与感知社会风险，通过实验的方法来研究好友邀请参与者的行为模式，旨在为设计高效的好友邀请方式提供理论支撑。在提出假设之前，本文首先回顾了社会距离和感知社会风险理论的相关研究文献；其次，阐述了实验设计及实验方法；最后，对实验结果进行了分析和讨论，并给合理设计好友邀请项目提出了建议。

2 文献综述

2.1 在线好友邀请项目

在线好友邀请项目指的是企业通过鼓励消费者通过网络向他人传播产品或服务的一种流行口碑营销方式。在线好友邀请项目是传统口碑营销的拓展，对企业经营绩效有重要影响[3]。在线好友邀请项目是企业，特别是新兴互联网企业在企业初创期快速扩大客户资源的一种有效手段。互联网具有信息传播速度快、信息传播量大、受众广、信息可以多向流动等特点，可以大大增强在线好友邀请的影响范围和影响效果。但是，一旦好友邀请项目的认识不清、机制设计不当，也会产生负面影响[4]，导致商家为了宣传所投入的广告等成本付诸东流。此外，社交网络已经成为人们交流和沟通的新方式，人们不再局限于面对面交流。交流方式的变革对在线好友邀请效果的提升有着不可估量的影响。因此，在线好友邀请项目的研究对网络商家拓展市场尤为重要。

在线好友邀请项目包括三个构成要素，即产品或者服务的信息、好友邀请的发起者和好友邀请的接收者。产品或者服务的信息是好友邀请项目进行推荐的对象。在线好友邀请项目分为两个步骤，即邀请发起者是否发出邀请以及邀请接收者是否接受该邀请，两个步骤缺一不可[1]。在线好友邀请项目的研究主要从消费者个体行为层面展开，口碑传播发生于消费者与其朋友个体间，企业并没有直接参与其中。

对在线好友邀请中消费者行为的实证研究，主要从以下几个方面开展。首先，研究邀请发起者的推荐意愿或者是邀请接收者的接受意愿。目前多数的实证研究侧重于对邀请发起者发出邀请意愿的影响因素的研究，部分学者单独研究了邀请接收者的接受意愿，但将两者结合起来的研究较少。其次，对好友邀请的数量有无限制[5]，以及好友邀请双方的关系也是学者们研究的一个重点。对双方关系的研究，一部分研究采用衡量个体关系的社会连带强度概念来度量双方关系的亲密程度[3, 6]，另外一部分研究采用衡量双方心理距离的社会距离概念对双方关系进行测度[1]，而以中国为背景的研究则倾向于采用"关系"这一概念来描述双方社会关系的强弱[7]。在此基础上，一些学者尝试建立起感知变量，如感知社会风险、产品涉入度等影响因素与邀请发起意愿之间的关系模型[8]。由于相关的理论和实证研究不多，好友邀请行为意愿的理论模型没有建立统一的框架。

2.2　社会距离

按照 Bogardus 的定义，社会距离是指能够表现一般的前社会关系和社会关系特征的理解和亲密的等级与程度[9]。社会距离的概念可以从客观性和主观性两方面认识。社会距离的概念最初用来表征阶级差异[10]。社会距离是最形式化也是最普遍化的社会关系，包括了人与人之间各方面的社会差别和相似点，以及在社会空间上的社会位置[11]。社会距离作为一个主观性的概念，被视为"自我"与"他物"的一种主客关系[12]。社会距离也被描述为人们准备与他人建立亲密关系的程度，是个人与集体间的亲密程度的反映[13]。

Bogardus 的社会距离量表用以表示个人对其他民族、种族和宗教的态度[14]。他对社会距离量表的定义是：对实际的或潜在的社会冲突的度量。这种对社会距离的度量采用的是客观的外显行为而不是主观自我报告形式，因此主观感知的因素较为淡化。在这份社会距离量表中包括 7 个题项，内容如表 1 所示。

表 1　Bogardus 社会距离测量量表

序号	题项
1	愿意与其通婚
2	愿意让其参加本社团的活动
3	愿意与其做邻居
4	愿意与其做同事
5	愿意让其成为美国公民
6	只愿他作为美国公民
7	不愿他与美国发生任何接触

与社会距离概念相近的，衡量人与人之间关系的还有发端于西方社会的社会连带（social tie）概念。Granovetter 在研究劳动力市场和求职过程中发现了连带的作用，并指出，连带强度是由时间花费、情感强度、亲密程度及互惠构成的多维度指标。他将社会关系分为强、弱连带两种。强关系是群体内部的纽带，而弱关系则是群体间的纽带[15]。Wegener 随后研究了社会连带的维度特征，给出了几个关键的影响因素，包括亲密性、社会距离、共事活动、休闲娱乐等[16]。这里的社会连带关系和我们的社会距离是不同的，社会连带更加看重人们之间联系的频繁程度，而我们研究中选取的社会距离则关注人们在社会关系中的亲密程度。例如，在同一个公司里，同事之间具有类似的社会连带强度，却具有不同的社会距离。

社会距离对在线好友邀请项目的意愿影响的研究比较欠缺，而采用与之概念相似的社会连带、关系强度等概念对口碑传播意愿或好友邀请项目意愿影响的研究较多。强连带对口碑传播的意愿影响高于弱连带[17]。在好友邀请项目中，当推荐双方为弱连带关系，奖励会促进对弱势品牌的推荐意愿；当推荐双方为强连带关系，奖励对推荐双方的参与意愿都有较强的影响[3]。关系强度影响好友邀请项目中邀请接收者的接受意愿，相同奖励额度下强连带的邀请接收者意愿更强[7]，强连带对邀请发起的意愿影响更强烈[5]。

2.3 感知社会风险理论

风险这一概念源于经济学和决策科学领域，对理性行为的决策分析具有重要帮助。风险最一般的意义可以表述为负面事件发生的概率（P）及其后果（C）的函数，这种描述非常客观、理性。在理性人假设的基础上，期望效用理论将事件发生的概率作为风险因素纳入其决策模型中[18]。而主观概率的概念将个体对产生某种后果的主观判断和信念纳入决策考虑因素，添加了个体的感知因素[19]。风险的一种定义是建立在经济学与决策学中期望效用理论基础上，以理性行为规范思考和分析风险，主要研究概率计算、形式逻辑等；而另一种定义则建立在心理学的认知理论决策基础上。感知风险的概念强调个体对风险的主观评价和认知过程，是对客观风险的感受和认知。不同于客观风险的计算和理性决策，感知风险更多地涉及直觉、行为反应，而认知和判断则更多地依靠印象、感觉、情境、心情等。

消费者行为学将感知风险定义为消费者购买决策的不确定性可能会造成不愉快的后果而主观认知到的风险，而不是客观风险[2]。感知风险也被理解为消费者在购买的商品低于心中的期望时，可能产生的不利后果而引起的风险，在解释感知风险时使用了风险量（amount of perceived risk）和风险利害关系（amount at stake）的概念[20]。消费者对某种行为可能导致自身损失的期望值[21]，消费者对购买结果的不确定性以及可能导致的后果的感知也是一种感知风险[22]。Featherman 和 Pavlou 则认为感知风险是追求未来结果可能遇到的损失[23]。可见，对感知风险的概念认知有两个角度，一种是预期损失角度，另一种是多要素角度，主要包括以下两个方面：①有害事件发生感知的不确定性；②有害事件发生结果感知的不利性。所以，综合众多学者对感知风险的概念分析，本文认为消费者购物环境下感知风险指的是：消费者在购买产品或服务时所感知到的不确定性和不利后果的可能性[24]。电子商务环境下的感知风险则在上述概念基础上，添加了网络环境这一因素。结合 Forsythe 和 Shi 的研究可以将网络环境下的感知风险定义为：消费者进行在线购买行为时感知到的不确定性及不利后果的可能性[25]。

按照感知风险的定义，感知风险由不确定性及不利后果预期两个主要方面构成，但是在具体的消费决策环境中，已经得到广泛认同的是感知风险是一个多维度的构念。实证研究表明，对于不同的产品和情境，感知风险的构面至少涵盖以下 9 个方面，即财务风险、社会风险、功能风险、心理风险、身体风险、便利风险、时间风险、绩效风险及安全风险。

消费者在接触新事物或购买新产品的情境下，会感知到风险，包括物理的、过程的、经济的、社会的、心理的或者时间上的风险。在线好友邀请项目中邀请双方的感知风险则主要关注感知社会风险，也即个体行为引起尴尬或周围其他人的不赞同等负面后果的可能性[26]。在好友邀请项目过程中引入感知社会风险变量来研究其中介或调节作用的研究很少。在线好友邀请项目中感知社会风险在邀请推荐意愿的影响中发挥了中介作用[27]。现有研究缺乏对邀请接收者的对比研究。

3 研究假设

3.1 社会距离对邀请发起和接受意愿的影响

随着互联网的发展，以 Facebook 和 Twitter 为代表的社交网络快速地将我们每一个人纳入了这张社会化网络中。物理距离所导致的隔阂逐渐消失，而关注主观感受的社会距离逐渐成为衡量个体间亲疏程度的重要指标，对行为人的态度、意愿和行为决策的影响越来越重要[13]。在线好友邀请项目中，邀请双方至少存在某种程度的社会联系，也分别感知着与对方相应的社会距离，行为意愿会受到社会距离感知差异的影响。

人们的行为需要服从一定的社会规范，而在不同的社会距离情境下，不同的社会规范指导和约束着个体行为。当与对方社会距离近的时候，对于邀请接收者来说，"伦"的规范对其行为有重要影响。根据需求原则，满足对方的需要是邀请接收者首先要考虑的[12]。而且，邀请接收者倾向于认为，收到对方发来的邀请是对方信任自己的体现，所以，感知社会距离近的邀请接收者接受邀请的意愿较高。对于邀请发起者来说，基于其对对方遵守"伦"的规范的期待，发出邀请的意愿也较高[1]。感知与对方社会距离远的时候，"报"的规范对邀请双方行为有重要影响，市场规范的公平原则成为双方的首要考量[1]。特别的，在感知与对方社会距离远的情境下，由于缺乏了解和信任，邀请接收者对对方发出邀请的意图不清楚，会担心接受邀请会给对方带来比自己更多的好处（包括物质上和精神上的），所以邀请接受意愿较低；邀请发起者也因为不了解对方，担心对方误解自己发出邀请的意图或者认为自己获得了更多好处，发起邀请的意愿也相应较低。根据以上分析给出如下假说：

H1a：相对于感知社会距离远的邀请发起者，感知与邀请接收者社会距离近的邀请发起者对邀请的发起意愿更高。

H1b：相对于感知社会距离远的邀请接收者，感知与邀请发起者的社会距离近的邀请接收者对邀请的接受意愿更高。

3.2　社会距离对邀请发起或接受意愿的影响：感知社会风险的中介效应

感知社会风险来源于感知风险的一部分，它通过对结果的危害可能性及严重性的评判来影响个体的决策行为[2]。在线好友邀请项目中，邀请发起者如果感知与接收者的社会距离近，那么邀请发起者不会认为自己被看做出于"获利"才向别人推荐产品或服务，而是出于"利他"的动机，从而降低邀请发起者的感知社会风险，发起的意愿也会更强烈[5]。如果邀请发起者感知与接收者社会距离远，邀请发起者担心自己会被认为是为了"获利"而进行推荐，感知社会风险从而升高[27]。类似的，邀请接收者如果感知与邀请发起者社会距离近，邀请接收者认为接受邀请是出于维持甚至是增进亲密关系的需要，接受邀请也不会让发起者认为自己为了获利而接受邀请[1]，感知社会风险会降低。如果邀请接收者感知与邀请发起者的社会距离远，接受邀请的行为更大程度上意味着接收者更重视邀请所带来的利益，会给邀请发起者留下为了获利而接受邀请的印象[23]，感知社会风险升高。根据以上分析提出以下假说：

H2a：感知社会距离通过感知社会风险来影响邀请发起者的发起意愿，相对于社会距离远的情况，社会距离近会降低发起者的感知社会风险。

H2b：感知社会距离通过感知社会风险来影响邀请接收者的接受意愿，相对于社会距离远的情况，社会距离近会降低接收者的感知社会风险。

4　实验方法

4.1　变量定义与测量

4.1.1　变量定义

本文关注社会距离对在线好友邀请项目邀请双方参与意愿的影响，其自变量为社会距离，因变量为邀请发起意愿和邀请接受意愿，社会距离对发起或接受意愿的影响中中介变量为感知社会风险。研究采用的社会距离是指能够表现邀请双方社会关系特征的理解和亲密的等级与程度，是心理距离的一个维度。本文采用情景模拟方式来模拟社会距离远与近两个水平。意愿是指在好友邀请项目过程中，邀请发起者发出邀请的主观可能性或者是邀请接收者接受邀请的主观可能性。感知社会风险是指好友邀请项目过程中，邀请发起者或接收者所感知的在发起或接受邀请行为时对行为可能引起他人的不赞同等不利后果的可能性。

4.1.2　变量测量

本文需要测量的变量包括邀请发起和接受的意愿及感知社会风险。问卷中的题项设计均来自于以往的研究，问卷采用从完全同意至完全不同意的 7 点里克特量表绘制。各变量题项编号、变量名及题项设计见表 2。

表 2　感知价值、感知社会风险与意向测量量表

编号	变量	题项	量表来源
SR1		如果朋友不接受邀请，我会损失可能获得的奖励	
SR2	感知 社会风险	如果朋友不接受邀请，我俩关系会受到影响	文献[28]；文献[5]
SR3		如果推荐成功我获得了奖励，别人会认为我是为了获得奖励而推荐的	
SR4		如果推荐成功我获得了奖励，别人或觉得我自私	
INT	意愿	我会向 A 发出邀请/我会接受 A 的邀请	文献[29]；文献[30]；文献[31]

4.2　实验设计

4.2.1　实验流程设计

根据研究假设，研究采用分组设计方案、结合社会距离情景模拟进行实验室实验。实验流程设计包括访谈、分组设计、问卷设计、预实验、问卷修改、被试征集、正式实验及数据收集分析 8 个部分，其中正式实验过程主要包括阅读背景材料、讲解社会距离、介绍云存储服务、模拟社会距离情景及抽样验证 5 个部分。

4.2.2　情景模拟与验证

本文采用情景模拟的方式来实现对部分自变量的不同水平操控。由于社会距离是一个主观概念，需要根据其概念设置具体情境。实验采用实验前访谈、实验中讲解描述及题项检测、实验后随机抽查访谈验证三种方式实现对社会距离自变量两个水平的准确操控。

结合目前社会距离的研究，并通过小范围访谈，总结归纳出社会距离远和近两种情况下表现出的典型行为特质。社会地位、文化差异、空间隔离、生物差异、职业教育、制度等客观因素对社会距离客观测量方面有重要影响。而在心理特质和行为认知方面，偏见、信任、熟悉程度、价值观、秘密分享、交流频率、礼仪程度等对主观社会距离的感知有重要影响。考虑到社会距离是刻画心理距离的重要维度，我们设计了两种不同的情景来描绘社会距离远和近的两种不同实验情景，见表 3。

表3 社会距离远与近的情景模拟

社会距离水平	特质	情景描述（A指代假想对象）
社会距离远	没有共同生活圈子或经历 交流频率低 对事物认知不同 不熟悉对方 相互不信任 无群体认同	不管是见面还是短信、电话、QQ、邮件等，您和A之间的接触频率不高。您就自己遇到的重要问题几乎不会征求A的意见，在重要问题上与A有分歧。您不是很了解A的脾气、性格、爱好、优缺点等。您和A共同的人生经历几乎没有交集。曾经在您向A寻求帮助或者A向您寻求帮助的时候，您或者A都考虑该给对方多少回报
社会距离近	有共同的生活圈子或经历 交流频率高 对事物认知相似 很熟悉对方 相互信任 群体认同	不管是见面还是通过微信、电话、短信、QQ、邮件等，您和A保持着很频繁的接触。您和A对事物总有共同的看法，相互了解很多对方的小秘密，也相互熟悉对方的脾气、爱好、优缺点等。您和A可能有着相似的教育经历或共同的成长经历。您经常就自己遇到的重要问题征求A的意见，也总是会采纳一些A的看法

虽然实验中通过模拟情景操控不同的社会距离水平，但需要设计题项验证被试是否对社会距离有正确的感知。验证量表取自Wark和Galliher[11]以及卢国显[32]等的研究。社会距离验证量表见表4。

表4 社会距离验证量表

编号	变量	题项	量表来源
SD1	社会距离验证	我不愿意和A发生任何接触或联系	文献[11]和文献[32]
SD2		我愿意让A参加我的社团活动	
SD3		我愿意让A成为我的同事	
SD4		我愿意与A作邻居	
SD5		如果可能，我愿意让A成为我的婚姻伴侣	
SD6		我完全信任A，愿意向A吐露心声	
SD7		我理解A，与A没有隔阂	

4.2.3 问卷设计

综合以上设计，将情景设置和感知社会风险量表编制成正式问卷。问卷设计严格遵守了结构合理、逻辑性强、通俗易懂原则，单个被试测试时间约耗时5分钟。问卷共分为三个部分：

第一部分为背景介绍。告知被试本次问卷的主题（在线消费者行为研究）及调查者身份，介绍云存储服务的基本内容。

第二部为社会距离情景模拟。通过问卷描述，让被试回忆与问卷描述最相符（社会距离远/近）的一位朋友（A），询问其向这位假想朋友发出好友邀请或接受这位假想朋友邀请的意愿。

第三部分测量被试在考虑发出或接受邀请过程中感知的社会风险，并通过社会距离验证题项测量其对情景模拟中社会距离的描述是否正确感知。

问卷中，推荐或接受意愿、感知价值、感知社会风险、社会距离的验证测量指标设计均采用7点里克特量表（"1"代表完全不同意；"2"代表不同意；"3"代表基本不同意；"4"代表中立；"5"代表基本同意；"6"代表同意；"7"代表完全同意）。

4.3 预实验

考虑到实验变量测量所用量表大部分来自西方学者研究，且本文在前人研究的基础上做了部分修改。因此，需要通过小样本的预实验检验感知价值、感知社会风险与社会距离验证量表的信度和效度，并进一步修订和完善，为正式实验打好基础。

预实验被试来自公立大学的 95 位硕士或博士研究生，在完成预测试的同时也要求他们指出问卷和实验中遇到的问题或者难以理解的选项。剔除漏项、不认真填写等因素，预实验共获得有效样本 88 份。

效度检验是为了检验问卷是否可以有效实现调查目的。本文采用检测因子载荷值、AVE 值大小来判断问卷各组题项的聚合效度，检测 AVE 的平方根及潜变量与其他潜变量的相关系数，比较判断问卷各组题项的区分效度，采用 KMO 检验和 Bartlett 球形检验来验证问卷整体效度是否良好。

探索性因子分析发现感知社会风险题项 SR1 以及社会距离题项 SD1 在旋转后因子载荷仍不够 0.5，故将这两个题项删除。各因子载荷达到效度检验基本要求。量表 KMO 值均大于 0.6，比较适宜进行探索性因子分析；Bartlett 球形检验结果显著，表明问卷整体效度较好。

可信度是样本数据具有的一致性的程度，表现为同一样本群体接受同一项目的各个测试题项表现出强烈的正相关。检验结果表明，各变量题项的 Cronbach's α 系数均高于 0.7，各潜变量的 α 系数均高于 0.7，CR 值均明显高于 0.7，表明问卷信度良好。

4.4 正式实验

4.4.1 被试选择

选取在校低年级本科生作为本文被试的理由在于：①低年级本科生教育水平相似，年龄段集中，男女比例基本均衡，同质性很高；②低年级本科生都有计算机和网络使用基础，可以经常使用网络，大部分使用过云存储服务，具备实验基本条件；③低年级本科生喜欢通过即时通信软件或社交网络分享想法，接触新事物，是口碑营销实验研究的良好被试。因此，我们选取了共计 505 名本科一年级、二年级的在校生作为实验被试。

4.4.2 正式实验过程

正式实验采用实验室实验。虽然本文关注的是在线好友邀请项目，但是实验过程却没有通过网络收集数据。考虑的主要原因是在线问卷的填写环境不受实验操作者控制，实验被试注意力可能不集中，被试可能不是自愿参加，等等，这些都会影响实验的最终结果。因此，我们的实验采取线下实验室实验，并通过问卷的方式收集数据。

实验依据社会距离远和近以及好友邀请的发起者和接收者分为四组，实验分组如表 5 所示。由于本文采用分组实验设计，所以采用次第分配法，以 4 人为一循环，第一个被试接受第一组实验，第二个被试接受第二组实验，第四个被试接受第四组实验，而到第五个被试接受第一组实验，以此类推。这样可以保证被试随机分配且各组样本数几乎无显著差异。

表 5 实验分组

社会距离	好友邀请发起者	好友邀请接收者
社会距离远	实验分组一	实验分组二
社会距离近	实验分组三	实验分组四

实验过程中，首先由实验操作者介绍实验背景，并依据相应的实验分组来讲解社会距离概念，构建相应的社会距离场景。其次实验操作者发放问卷，让被试在相应的社会距离场景中联想自己要发送好友邀请的对象或者要接收的好友邀请的对象来填写问卷。问卷填写完毕后，实验操作者随机抽选部分被试，通过让其举例说明其与假想朋友间关系验证社会距离的操控是否有效。

实验全部采取实验室实验的方式,发放实验问卷共计 505 份,回收问卷 468 份,问卷回收率为 92.7%。经过初步筛选整理,排除以下问卷情况:①问卷没有填写;②问卷填写有缺漏;③问卷题项模糊不清;④随意答题,连续 7 项填写相同或有明显逻辑错误;⑤从未使用过云存储服务等情况,共得到有效问卷 408 份。

考虑到被试的同质性较好,学历、年龄、收入水平均相近,故本文只检验了性别这一统计学变量对于意愿的影响,独立样本 t 检验显示性别差异对于发起意愿或接受意愿的影响没有显著差别。

4.4.3　实验操作项检验

实验操作项分别是社会距离和参与角色。参与角色包括发起者和接收者两类,它是明确的客观概念,由实验分组确定。由于社会距离的感知较为主观,即使通过情境描述和实验前讲解,仍可能会出现被试理解出现偏差的情况,社会距离操作项须通过实验后抽样访谈验证以及结合社会距离量表来确保社会距离操控成功。

实验后共抽取 20 名被试,其中社会距离远与近的情景各 10 名,所有访谈回答与对应的实验情景均相符,访谈显示被试对社会距离的感知与实验情景相符。为保证实验变量水平操控的精确性,进一步通过统计学检验方法验证被试对社会距离远和近的感知与实验描述是否一致。实验以 Bogardus 社会距离量表为基础,设计了 7 个题项(经预实验信度效度检验排除其中一项)来检验被试是否对社会距离有正确认知。社会距离操作项的检验采用独立样本 t 检验,结果表明所有检验项对社会距离远近组间差异均达显著水平(Sig.均为 0.000),可见实验对社会距离的操控效果优良。

5　数据分析

5.1　社会距离

为了验证社会距离远近对邀请发起或接受意愿的影响,采用独立样本 t 检验方法比较社会距离的两个水平上邀请发起和接受意愿均值的大小以及有无显著差异。对邀请发起者和邀请接受者分别进行社会距离两水平的独立样本 t 检验。发起意愿的均值比较及独立样本 t 检验结果见表 6 和表 7(含方差齐性检验结果)。

表 6　发起意愿在社会距离两水平上的比较均值

社会距离	N	均值	标准差	标准误
近	100	5.730 0	0.908 49	0.090 85
远	106	3.726 4	1.028 48	0.099 89

表 7　发起意愿在社会距离两水平上的独立样本 t 检验

方差方程 Levene 检验		均值方程 t 检验					差分的 95%置信区间	
F	Sig.	t	df	Sig.（双侧）	均值差值	标准误差值	下限	上限
1.057	0.305	14.785	204	0.000	2.003 58	0.135 52	1.736 39	2.270 78
		14.838	203.135	0.000	2.003 58	0.135 03	1.737 35	2.269 82

邀请发起者的发起意愿在社会距离近的情景下均值为 5.730 0,标准差为 0.908 49;社会距离远的情景下均值为 3.726 4,标准差为 1.028 48。社会距离远与近的方差方程的 Levene F 检验显著性

Sig.>0.05，接受方差相等假设，组间均值差异显著性 t 检验显著性 Sig.<0.05，表明社会距离近的情况下，邀请发起意愿显著高于社会距离远的情况下邀请发起意愿，假设 H1a 验证通过。

接受意愿在社会距离两水平上的均值比较及独立样本 t 检验结果如表 8 和表 9 所示。

表 8　回应意愿在社会距离两水平上的比较均值

社会距离	N	均值	标准差	标准误
近	102	5.862 7	0.923 18	0.091 41
远	100	4.340 0	1.224 50	0.122 45

表 9　接受意愿在社会距离两水平上的独立样本 t 检验

方差方程 Levene 检验		均值方程 t 检验						
F	Sig.	t	df	Sig.（双侧）	均值差值	标准误差值	差分的 95% 置信区间 下限	上限
10.887	0.001	9.993	200	0.000	1.522 75	0.152 39	1.222 25	1.823 24
		9.965	184.056	0.000	1.522 75	0.152 81	1.221 27	1.824 22

邀请接收者的接受意愿在社会距离近的情景下均值为 5.862 7，标准差为 0.923 18；社会距离远的情景下均值为 4.340 0，标准差为 1.224 50。社会距离远与近的组间方差方程的 Levene F 检验显著性水平 Sig.<0.05，拒绝方差相等假设，方差不齐，采用校正 t 检验，组间均值差异显著性 t 检验通过（Sig.<0.05）。表明社会距离近的情况下，邀请接受意愿显著高于社会距离远的情况下邀请接受意愿，假设 H1b 验证通过。

5.2　感知社会风险的中介效应

在做回归分析前，需要进行线性检验，排除部分奇异值，对变量做正态性和方差齐性检验，以及必要的共线性检验等。本文的线性检验、正态性及方差齐性检验结果满足回归分析要求（检验过程略去）。然后分别按照中介效应的检验步骤，做逐步回归。在不同社会距离情景下，感知社会风险对邀请发起或接受意愿的影响中的中介效应检验结果如表 10 和表 11 所示。

表 10　感知社会风险的中介效应检验（社会距离—发起意愿）

步骤	变量 自变量	因变量	R 方值	F 检验	Sig.	回归系数	t 检验	Sig.
1	社会距离	发起意愿	0.515	218.590	0.000	$c_0=-2.004$	−14.785	0.000
2	社会距离	感知社会风险	0.105	24.040	0.000	$a=-0.648$	−4.903	0.000
3	感知社会风险	发起意愿	0.171	42.049	0.000	$b=0.577$	6.484	0.000
4	社会距离、感知社会风险	发起意愿	0.553	125.789	0.000	$c_1=-1.822$	−13.187	0.000

表 11　感知社会风险的中介效应检验（社会距离—接受意愿）

步骤	变量 自变量	因变量	R 方值	F 检验	Sig.	回归系数	t 检验	Sig
1	社会距离	接受意愿	0.333	99.852	0.000	$c_0=-1.523$	−9.993	0.000
2	社会距离	感知社会风险	0.032	6.343	0.011	$a=0.354$	2.553	0.011
3	感知社会风险	接受意愿	0.077	10.010	0.034	$b=0.387$	3.902	0.034
4	社会距离、感知社会风险	接受意愿	0.351	56.906	0.000	$c_1=-1.489$	−9.363	0.000

　　检验结果显示，社会距离对发起或接受意愿的回归系数 c_0、社会距离对感知社会风险的回归系数 a、感知社会风险对发起或接受意愿的回归系数 b 均显著，社会距离与感知社会风险对发起或接受意愿的回归系数 c_1 也显著，且 $c_1 < c_0$（绝对值），表明在社会距离远或近的情景下，感知社会风险在邀请发起意愿或邀请接受意愿中均存在部分中介效应，假设 H2a、假设 H2b 均验证通过。

6　结果讨论

　　尽管社交网络创造了信息传递的新途径，使在线好友邀请可以快速地传播，但是信息在网络中的传播也需要遵循网络使用者的行为规范，一旦与社会所认可行为规范相抵触，信息的传播就会遇到阻力，如过多的商业信息就会引起好友反感，从而拒绝对商业信息进行转发。同时，互联网的另外一个因素也同样不可忽视，就是互联网所创造的社交环境所产生的一种新的朋友类型——网友。这一类朋友在网络世界中具有巨大的数量，是社交网络中的中坚力量，而且这类朋友的网络行为模式存在自身独特之处，如何充分利用这些为数众多的网友来推送商业信息以及借助其社会关系来达成更多成功的好友邀请是时下网络商业模式创新的关键点。尤其是云存储服务供应商出于对客户资源的渴求，更希望寻找行之有效的在线好友邀请项目。

　　在线好友邀请项目涉及邀请发起者和邀请接收者双方的参与，从邀请发起者发起邀请到邀请接收者接受邀请才能完成一个完整的在线好友邀请。任何一方拒绝参与在线好友邀请项目都会导致在线好友邀请的失败。本文将邀请双方的参与意愿作为研究的因变量，完整地研究了在线好友邀请项目的全过程。在线好友邀请在传播的过程中必然涉及邀请双方的社会关系。社会距离在情感距离的维度定义了相应的社会关系。在线好友邀请在社交网络的传播中依然遵循了线下好友邀请的特点，即邀请发起者倾向于向社会距离近的好友发起好友邀请，邀请接收者也倾向于接受社会距离近的好友发送来的邀请。在没有其他影响因素的作用下，在线好友邀请多发生于社会距离近的好友之间。研究结果表明，社会距离对邀请双方的参与意愿均具有显著的影响。尽管研究结果延续了线下好友邀请的行为模式，但这并不意味着社会距离较远的朋友，如网友，就不会参与到在线好友邀请当中来。网友在网络世界具有庞大的数量基础，即使在线好友邀请中网友具有较小的参与比例，但庞大的数量基础依然使参与在线好友邀请项目的网友为数众多。在线好友邀请项目的设计中需要考虑阻碍邀请双方参与的因素，并降低该因素的影响来吸引更多不同社会距离的好友参与到在线好友邀请项目当中来。

　　在社会距离之外，我们的研究还将感知社会风险引入在线好友邀请项目当中。由于在线好友邀请发生在具有一定社会关系的好友之间，因此，感知社会风险对邀请双方参与好友邀请具有部分中介作用，在社会距离远与近的情况下均表现出中介作用。感知社会风险会降低邀请发起者发起好友邀请的意愿，也会降低邀请接收者接受好友邀请的意愿。因此，在线好友邀请项目的设计中需要考虑降低邀请双方感知社会风险的方法。这就需要将邀请双方所处社会距离情景下所被社会认可的社会规范纳入考虑的范畴，依据不同的在线好友邀请双方的社会距离来设计相应的好友邀请项目。当社会距离近的时候，使邀请双方将关注点放在相互之间的帮助之上，而不要过多地关注相应邀请返利的分配，使在线好友邀请更多的是出于好友之间的互助。当社会距离远的时候，在线好友邀请要对所推介的内容和邀请者本身的体验相结合，使邀请接收者认为邀请发起者是出于互惠互利的出发点来发起好友邀请，目的在于邀请双方都能通过成功的好友邀请而获利。在线好友邀请项目选择符合相应社会规范的行为模式会有助于降低感知社会风险，而降低感知社会风险就会减少邀请双方参与的阻力，从而增加在线好友邀请项目的参与者数量，进一步增加成功的好友邀请数量，提高在线好友邀请项目的效率，快速有效地拓展云存储服务供应商的客户资源。

7 结论

在线好友邀请项目的完成需要邀请发起者和邀请接收者双方来进行参与。任何一方的拒绝都会导致在线好友邀请项目的失败。因此，邀请双方的行为模式都需要在在线好友邀请项目的设计中给予重视。

本文利用社会距离将邀请参与者进行划分，在相应的社会距离上研究邀请双方不同的行为模式，并将感知社会风险作为中介变量纳入研究当中。研究结果表明，社会距离对于邀请发起者发送邀请的意愿和邀请接收者接受邀请的意愿均具有显著影响，并且感知社会风险作为中介变量对邀请双方的参与意愿均具有部分中介作用。

在线好友邀请项目的设计需要考虑邀请双方的社会距离，充分考虑不同社会距离下邀请双方的行为模式，并将感知社会风险的影响考虑在内，降低邀请双方的感知社会风险，将双方的关注点转移到相互之间的帮助上，来促进在线好友邀请的最终达成。

参 考 文 献

[1] Shi N，Hong Y L，Huang L Q，et al. The effects of social distance on proposer's offer and responder's intention to accept in online referral bonuses programs under Chinese setting[C]. Proceedings of the 14th Annual International Conference on Electronic Commerce，2012.

[2] Bauer R A. Consumer behavior as risk taking[C]. Proceedings of the 43rd Conference of the American Marketing Association，1960：389-398.

[3] Ryu G，Feick L. A penny for your thoughts：referral reward programs and referral likelihood[J]. Journal of Marketing，2007，71（1）：84-94.

[4] Anderson E W. Customer satisfaction and word of mouth[J]. Journal of Service Research，1998，1（1）：5-17.

[5] 师晓帅. 在线有偿推荐奖励计划对推荐意愿的影响[D]. 南京财经大学硕士学位论文，2012.

[6] Wirtz J，Chew P. The effects of incentives，deal proneness，satisfaction and tie strength on word-of-mouth behaviour[J]. International Journal of Service Industry Management，2002，13（2）：141-162.

[7] 于春玲，王霞，包呼和. 奖励推荐计划口碑对接收者的影响[J]. 南开管理评论，2011，（4）：59-68.

[8] 朱翊敏，周素红，刘容. 推荐奖励计划中消费者意愿研究[J]. 商业研究，2011，（8）：83-90.

[9] Bogardus E S. Measuring social distance[J]. Journal of Applied Sociology，1925，9（2）：299-308.

[10] Cover J D. The effects of social contact on prejudice[J]. The Journal of Social Psychology，1995，135（3）：403-405.

[11] Wark C，Galliher J F. Emory Bogardus and the origins of the social distance scale[J]. The American Sociologist，2007，38（4）：383-395.

[12] Karakayali N. Social distance and affective orientations[J]. Sociological Forum，2009，24（3）：538-562.

[13] Bogardus E S. Measurement of personal-group relations[J]. Sociometry，1947，10（4）：306-311.

[14] Bogardus E S. A social distance scale[J]. Sociology & Social Research，1933，（17）：265-271.

[15] Granovetter M S. The strength of weak ties[J]. American Journal of Sociology，1973，78（6）：1360-1380.

[16] Wegener B. Job mobility and social ties：social resources，prior job，and status attainment[J]. American Sociological Review，1991，56（1）：60-71.

[17] Steffes E M，Burgee L E. Social ties and online word of mouth[J]. Internet Research，2009，19（1）：42-59.

[18] Kahneman D，Tversky A. Prospect theory：an analysis of decision under risk[J]. Journal of the Econometric Society，1979，47（2）：263-291.

[19] Tversky A，Kahneman D. Advances in prospect theory：cumulative representation of uncertainty[J]. Journal of Risk and Uncertainty，1992，5（4）：297-323.

[20] Robinson P J. New developments in survey sampling[J]. Journal of Marketing Research（pre-1986），1974，11（3）：348.

[21] Peter J P，Ryan M J. An investigation of perceived risk at the brand level[J]. Journal of Marketing Research，1976，13（2）：184-188.

[22] Derbaix C. Perceived risk and risk relievers：an empirical investigation[J]. Journal of Economic Psychology，1983，3（1）：19-38.

[23] Featherman M S，Pavlou P A. Predicting e-services adoption：a perceived risk facets perspective[J]. International Journal of Human-Computer Studies，2003，59（4）：451-474.

[24] Dowling G R，Staelin R. A model of perceived risk and intended risk-handling activity[J]. Journal of Consumer Research，1994，（21）：119-134.

[25] Forsythe S M，Shi B. Consumer patronage and risk perceptions in internet shopping[J]. Journal of Business Research，2003，56（11）：867-875.

[26] Mandel N. Shifting selves and decision making：the effects of self-construal priming on consumer risk-taking[J]. Journal of Consumer Research，2003，30（1）：30-40.

[27] 王晓玉. 推荐奖励计划对消费者推荐意愿的影响[J]. 当代经济管理，2010，32（3）：32-37.

[28] Mitchell V W. Consumer perceived risk：conceptualizations and models[J]. European Journal of Marketing，1999，33（1/2）：163-195.

[29] Ruiz D M，Gremler D D，Washburn J H，et al. Service value revisited：specifying a higher-order，formative measure[J]. Journal of Business Research，2008，61（12）：1278-1291.

[30] Cronin Jr J J，Brady M K，Hult G T M. Assessing the effects of quality，value，and customer satisfaction on consumer behavioral intentions in service environments[J]. Journal of Retailing，2000，76（2）：193-218.

[31] Pura M，Linking perceived value and loyalty in location-based mobile services[J]. Managing Service Quality：An International Journal，2005，15（6）：509-538.

[32] 卢国显. 我国大城市农民工与市民社会距离的实证研究[J]. 中国人民公安大学学报（社会科学版），2006，（4）：95-104.

Study of Factors Impacting the Success of Online Referral Program in the Context of Cloud Storage Service

SHI Nan[1,4]，DING Yi[2]，WANG Kanliang[3]

（1. School of Management，SUIBE，Shanghai 201620，China）

（2. School of Mangement，XJTU，Xi'an 710049，China）

（3. School of Business，RUC，Beijing 100872，China）

（4. Key Lab of Data Science and Management Decision，SUIBE，Shanghai 201620，China）

Abstract　With the rise of cloud storage service，the cloud store operators need to attract more users by online referral program. The successful online referral program is effect to increase the custom base of company. The social distance and the perceived social risk are introduced to our study. The study focus on the proposer and responder，aiming at the success of online referral program. Social distance gives the significant impact on both sides of referral，the perceived social risk has partial intermediary role. We also give suggestions to the design of online referral program.

Key Words　Online referral program，Social distance，Perceived social risk，Cloud storage service

作者简介

史楠（1982—），男，上海对外经贸大学工商管理学院讲师，山东青岛人，研究方向：社会商务和网络营销。E-mail：shinan@suibe.edu.cn。

丁一（1989—），男，西安交通大学管理学院 2011 年级硕士研究生，江苏宿迁人，研究方向：社会商务和网络营销。E-mail：yiding@stu.xjtu.edu.cn。

王刊良（1966—），男，中国人民大学商学院教授、博士生导师，陕西西安人，研究方向：信息系统、电子商务和网络用户行为。E-mail：klwang@ruc.edu.cn。

信息系统学报
第 17 辑：44-55

China Journal of Information Systems
44-55

在线产品评论对消费者剩余的影响[*]

朱存根，姚忠，冯娇

（北京航空航天大学 经济管理学院，北京 100191）

摘 要 在线评论已经成为影响消费者购买决策的重要因素，能够在一定程度上影响消费者剩余。本文通过对消费者关于产品质量和适用性的效用水平进行建模，来比较有、无评论情况下的消费者剩余。结果表明，参考评论有利于增加消费者剩余。本文进一步发现，一般来说，评论揭示的产品质量和适用性信息、消费者对评论的依赖程度和对产品适用性的敏感性均对有评论参与下的消费者剩余有促进作用。另外，本文还发现评论对零售商利润和对消费者剩余具有类似的作用形式。

关键词 在线产品评论，产品质量，产品适用性，消费者剩余

中图分类号 F062.5

1 引言

互联网的出现和发展为消费者表达对产品的评价提供了全新而有效的渠道。消费者在购买产品时总是希望能借鉴他人的经验，同时他们也乐意把自己的体验分享给他人，这种新的口碑形式称为网络口碑（internet word of mouth，IWOM），也称为社会化媒体（social media）。Zhu 和 Zhang 发现在线产品评论对消费者的购买决策和企业销售具有很大的影响[1]。Deloitte 在调查报告中发现，43%的消费者在阅读了产品评论信息后购买意愿得到进一步加强，但是也有 43%的消费者改变了产品购买选择，甚至有 9%的消费者在阅读了产品评论信息后放弃了产品购买的计划[2]。从这些数据中不难发现，消费者购买决策对产品评论的依赖越来越强。由于消费者对产品的质量和适用性信息并不是完全了解，因此对消费者来说，这些信息具有不确定性。Chen 和 Xie 的研究表明，在线产品评论已经成为消费者努力降低这些不确定性风险的一个重要的工具[3]。在线产品评论的有用性也一直是众多专家学者研究的一个领域。郝媛媛等借助于电影评论找出了究竟何种情感倾向和表达形式的评论具有更大的有用性[4]。Li 和 Hitt 认为，在线产品评论不仅反映了消费者感知的产品质量，而且也可以反映消费者感知的效用，这个感知的效用可以用感知的质量和产品价格的差来表示[5]。

在数据挖掘（data mining）领域，学者们对在线评论也做了大量研究。王伟等对传统的协同过滤算法进行了改进，并通过实验发现基于在线评论情感分析的用户协同过滤算法在准确率和召回率指标上有明显的提高，这也进一步验证了在线评论的重要性[6]。Ullah 等使用自然语言处理（natural language processing，NLP）方法分析了大量的在线产品评论的情感内容，发现在产品推出的早期阶段，搜索和体验产品产生的评论中的情感内容有差异，但是随着时间的推移，当其他评论减少了信息不对称情形时，这种差异会减小[7]。Wu 等通过使用大众点评网上的数据来研究消费者如何从阅读评论中进行学习，并提出了相应的学习模型，他们发现关于质量和环境的评论比数值评分更有价值[8]。

---

[*] 基金项目：国家自然科学基金项目（71271012，71332003，71671011）

通信作者：姚忠，男，北京航空航天大学经济管理学院，博士、教授、博士生导师，E-mail：iszhyao@buaa.edu.cn。

　　根据产品差异化理论的描述，产品差异化可以分为横向差异化和纵向差异化两类。例如，在其他属性相同的情况下，所有的消费者都偏好质量高的产品，这属于纵向差异化的范畴；不同消费者对同一产品的同一属性，如颜色、款式、口味等，有不同偏好，这些特征均可以归类为产品的适用性特征，这属于横向差异化的范畴。Sun 和 Tyagi 根据横向差异化理论将产品和偏好的匹配程度设置为一个连续的变量（continuous taste models），变量的每一个取值都会有不同程度的不适用性（misfit）[9]。本文的模型中也用到了相似的产品差异化理论[10, 11]。

　　本文还涉及关于消费者剩余（consumer surplus，CS）的相关理论。消费者剩余是指消费者购买一定数量的产品愿意支付的最高价格与这些商品的实际价格之间的差异。马歇尔从边际效用的角度演绎出了消费者剩余的概念。范里安给出了消费者剩余的几种计算方法。从前人的研究可以发现，消费者剩余的表示方法有很多。Hausman 给出了准确的消费者剩余的量化方法，并指出当只有一个产品的价格发生变化时，该方法可以推广到多个产品的情况[12]。Brynjolfsson 等研究发现，在线书店增加其销售的产品的种类会提高消费者剩余[13]。Bapna 等用价格差对消费者剩余进行量化，借以研究在线拍卖过程中消费者剩余的变化[14]。朱立龙等在其论文中利用产品的质量效用和产品价格的差值来表示消费者剩余，并假设消费者类型服从均匀分布[15]。Li 等研究了当消费者面对重复购买和产品转换成本时，消费者评论是如何调整两个零售商之间的竞争的[16]。

　　除了以上角度之外，许多学者对在线评论的效用水平也进行了研究，这将有助于进一步揭示在线评论的作用机理，同时这也是本文研究在线评论对消费者剩余影响的基础。杨铭等对前人关于在线产品评论有用性的研究进行了梳理，然后根据已有研究存在的问题，从理论和实践的角度提出了可行的解决方案和阶段性成果[17]。在线评论作为一种可以使消费者降低不确定性风险的信息，在对其进行研究时需要对这种不确定性进行建模。Sun 认为在线评论是一种可以使消费者进一步明确自己的效用水平的信息[18]。对偏好进行建模的一种方式就是将其表示为一个连续变量，不同消费者的变量值不同以体现不同的消费者具有不同的偏好，Sun[18]，Shaffer 和 Zettelmeyer[19]等学者都对此有过相似的处理方式。Villias-Boas 也把产品的适用性和消费者的偏好作为效用函数的一个组成部分[20]。Kwark 等发现在线评论对零售商和供应商的作用有所不同，并且进一步将这些作用按照质量和适用性两个维度进行细分[11]。

　　尽管人们普遍认为，产品评论帮助消费者做出购买决策，但是目前很少有学者从消费者剩余的角度对此做出进一步解释，在线评论对消费者剩余的作用机理尚不明确，本文在一定程度上弥补了该领域的研究空白。事实上，消费者剩余对消费者的购买动机在一定程度上具有很大的强化作用，换言之，消费者剩余有助于提高产品的需求。尤其是当涉及产品评论时，了解在线评论对消费者剩余的作用机理可以帮助平台、厂商找到产品发展的方向，提升消费者体验水平，更有效地利用产品评论。基于以上原因，本文从单个消费者、单一产品市场出发，对消费者效用进行建模，然后推导出产品的需求曲线，进而得出消费者剩余，借此研究有无评论、评论特征和消费者的特征各自对消费者剩余的影响。

2　模型

　　本文研究的是单一产品的情况，并假设产品的边际成本为 0，且市场中只有一个消费者，消费者对产品的需求为 1 单位。

　　本文考虑了在线评论可能揭示的两类产品信息，即产品质量属性和适用性属性。由于消费者要参考在线评论，因此，这两部分信息都不能脱离消费者特征而独立存在，尤其是适用性。因为不同消费者对同一产品属性往往有不同的偏好，所以即使是同一产品，适用性往往也会因消费者特征不同而不同。在对产品质量和适用性信息及消费者净效用进行建模时，本文借鉴了 Kwark 等的建模方式[11]。由于质量属于纵向差异化的范畴，相对比较客观，比较容易在消费者之间达成共识，因此，在量化时对所有理性消费者都是适用的，所不同的只是每个消费者由于掌握的知识量的多少的不同而对产品质量认识上有所不同。

在对产品质量进行建模时，本文用 x 表示产品的质量信息。其中，x_{nR} 表示消费者根据自有的储备知识对产品质量产生的评估结果，此时消费者并没有参考在线评论；在阅读了产品评论后，用 x_R 表示评论中揭示的消费者储备知识以外的关于产品质量的额外信息，此时消费者对产品质量的评估结果就变成：$rx_{nR}+(1-r)x_R$，其中，r 为分配给消费者自身质量评估的权重，并且为了适应处理上的要求，将 x_{nR} 和 x_R 范围标准化为[0，1]。关于符号下标，在下文中统一用 nR 表示没有在线评论的情况，用 R 表示有在线评论的情况。

在对产品适用性进行建模时，本文用 λ 表示产品对消费者的适用性程度。对于任意一个消费者，尽管存在横向差异化，但是适用性越好，则消费者获得的效用越大这一准则对于任意一个理性消费者都是成立的。假设 λ 是服从[0，1]上均匀分布的随机变量。由于产品适用性对消费者来讲具有不确定性，所以消费者对产品的适用性的估计值和真实值恰好相等具有一定的随机性。Kwark 等[11]，Ruckes[21]，Johnson 和 Myatt[22]，McCracken[23]，Petriconi[24]均通过引入一个随机变量 s 来对这种不确定性进行建模。本文也运用了相似的建模方式。为了表示这种关于产品适用性的不确定性，假定 s 是消费者观察到的关于产品适用性的一个信号，其现实意义可以表示为消费者购买之前对要购买产品适用性的评估，并规定概率 $P\left(s=\lambda|\lambda=z\right)=\beta_{nR}$，则 $P\left(s\neq\lambda|\lambda=z\right)=1-\beta_{nR}$，其中，信号 s 与产品的实际适用性 λ 同分布。β_{nR} 是 s 和 λ 相等时的概率，这里的 β_{nR} 是在无产品评论情况下的概率；当消费者参考产品评论时，这一概率就变为

$$\begin{cases} P\left(s=\lambda|\lambda=z\right)=\beta_R \\ P\left(s\neq\lambda|\lambda=z\right)=1-\beta_R \end{cases}$$

此时信号准确的可能性加强，也即有 $\beta_R\geqslant\beta_{nR}$。当然这里考虑的只是一般情况，因为评论并不能保证信号的准确性一定加强，但对于非虚假评论，β_R 至少不会减少，而且一般情况下，β_R 会有所增大。这里的等号成立时，可以理解为评论揭示的有用信息不是很多，基本为零，对信号的强化作用不是很好。基于贝叶斯修正可得 $E\left(\lambda|s=y\right)=\dfrac{1-\beta}{2}+\beta y$ [11]。

下面对消费者效用进行建模。p 表示产品的价格，k 表示单位适用性程度的效用，所以 λk 表示产品的适用性给消费者带来的效用。事实上，k 同时也反映了消费者的类型信息，即该消费者对产品适用性的要求强度或敏感强度，如果对适用性要求不是很高或不太敏感，则 k 较大；反之，若对其要求很高，则相应的 k 较小。由于对产品质量评估进行了标准化，所以可以用质量 $\gamma x_{nR}+(1-\gamma)x_R$ 来直接表示消费者获得的效用。则消费者获得的净效用为 $V=\gamma x_{nR}+(1-\gamma)x_R+\lambda k-p$，其中，当 $\gamma=1$ 时，表示没有阅读评论；当 $\gamma=r$ 时，表示已经阅读了评论，所以有

$$\begin{aligned} E(V) &= \gamma x_{nR}+(1-\gamma)x_R+E(\lambda)k-p = \gamma x_{nR}+(1-\gamma)x_R+k\left(\frac{1-\beta}{2}+\beta y\right)-p \\ &= \gamma x_{nR}+(1-\gamma)x_R+k\beta y+k\left(\frac{1-\beta}{2}\right)-p \end{aligned} \tag{1}$$

其中，当 $\gamma=1$，$\beta=\beta_{nR}$ 时，表示无评论；当 $\gamma=r$，$\beta=\beta_R$ 时，表示有评论。

假设消费者要求获得的净效用高于某阈值时才会选择购买某产品。所以，本文为每个消费者分配了一个

最低效用值V_0，当$E(V) > V_0$时，消费者才选择购买该产品，求解得$x_{nR} \geqslant \dfrac{1}{\gamma}\left(V_0 - (1-\gamma)x_R - k\left(\dfrac{1-\beta}{2}\right) + p\right) - \dfrac{k\beta}{\gamma}y \triangleq x_0 - \dfrac{k\beta}{\gamma}y$，如图1所示，当消费者处于上三角区域时，会选择购买该产品。

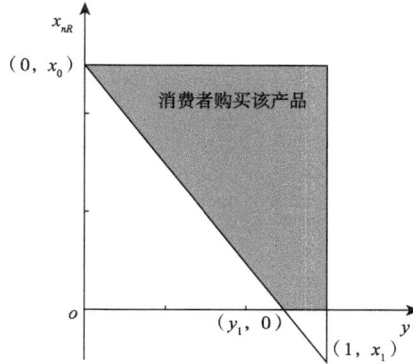

图1　消费者购买条件

图1中，直线截距为$x_0 = \dfrac{1}{\gamma}\left(V_0 - (1-\gamma)x_R - k\left(\dfrac{1-\beta}{2}\right) + p\right) = \dfrac{1}{\gamma}\left(V_0 - (1-\gamma)x_R - \dfrac{k}{2} + \dfrac{k\beta}{2} + p\right)$。为了保证$x_0$始终为正，不妨增加条件：

$$V_0 - (1-\gamma)x_R - \dfrac{k}{2} \geqslant 0 \tag{2}$$

又因直线过$(y_1, 0)$点，令$x_{nR} = 0$，求解得$y_1 = \dfrac{x_0\gamma}{k\beta} < 1$，所以，可以将消费者需求表示为

$$D = \dfrac{1}{x_0}\int_0^{y_1}\left[x_0 - \left(x_0 - \dfrac{k\beta}{\gamma}y\right)\right]dy + \dfrac{(1-y_1)x_0}{x_0} = 1 - \dfrac{x_0\gamma}{2k\beta} \tag{3}$$

零售商要最大化自己的利润，于是有

$$\max_{p \geqslant 0}\pi = pD = -\dfrac{1}{2k\beta}p^2 = (1-m)p \tag{4}$$

其中，

$$m = \dfrac{V_0}{2k\beta} - \dfrac{(1-\gamma)x_R}{2k\beta} - \dfrac{(1-\beta)k}{4k\beta} \tag{5}$$

解得

$$p^* = k\beta(1-m) \tag{6}$$

将式（5）代入式（4），所以可得

$$\pi^* = \dfrac{k\beta}{2}(1-m)^2 \tag{7}$$

引理 1　$2(V_0 - (1-\gamma)x_R) > k > \dfrac{2(V_0 - (1-\gamma)x_R + p)}{1+\beta}$。

证明　图1中的直线为$x = \dfrac{1}{\gamma}\left(V_0 - (1-\gamma)x_R - k\left(\dfrac{1-\beta}{2}\right) + p\right) - \dfrac{k\beta}{\gamma}y \triangleq x_0 - \dfrac{k\beta}{\gamma}y$，该直线过点$(1, x_1)$，令

$y=1$，可以得到 $x_1 = \frac{1}{\gamma}\left(V_0 - (1-\gamma)x_R - k\left(\frac{1-\beta}{2}\right) + p\right) - \frac{k\beta}{\gamma} < 0$（注：这里 $x_1 < 0$ 是考虑到市场中一部分对产品质量要求很高的消费者群体的存在）；同时，由式（2）和 $x_1 < 0$ 可以解出 k 的解析范围：

$$2(V_0 - (1-\gamma)x_R) > k > \frac{2(V_0 - (1-\gamma)x_R + p)}{1+\beta} \tag{8}$$

引理 1 可以作为本文给出的结论成立的条件。

引理 2　当引理 1 成立时，有 $m < \frac{1}{2}$。

证明　同样，由于 $x_1 = \frac{1}{\gamma}\left(V_0 - (1-\gamma)x_R - k\left(\frac{1-\beta}{2}\right) + p\right) - \frac{k\beta}{\gamma} < 0$，所以有

$$\frac{1}{2k\beta}\left(V_0 - (1-\gamma)x_R - k\left(\frac{1-\beta}{2}\right) + p\right) - \frac{k\beta}{2k\beta} = \frac{V_0}{2k\beta} - \frac{(1-\gamma)x_R}{2k\beta} - \frac{(1-\beta)k}{4k\beta} - \frac{1}{2} + \frac{p}{2k\beta}$$
$$= m - \frac{1}{2} + \frac{p}{2k\beta} < 0$$

因此可以得到 $m < \frac{1}{2} - \frac{p}{2k\beta} < \frac{1}{2}$。所以必有 $m < \frac{1}{2}$。

由式（4）可知：$D = 1 - m - \frac{1}{2k\beta}p$，进而可得

$$p = 2k\beta(1-m) - 2k\beta D \tag{9}$$

该需求曲线如图 2 所示，是一条斜率为负的直线。

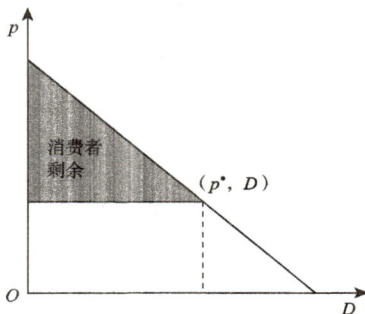

图 2　需求曲线

3　在线评论对消费者剩余的影响

根据经典微观经济学关于消费者剩余的描述，可以在需求曲线的基础上进一步求出在线产品评论背景下的消费者剩余，以研究在线评论对消费者剩余的影响。

根据需求曲线（9）可以进一步获得消费者剩余。在图 2 中，用上三角面积表示该消费者剩余：

$$CS = \frac{(1-m)}{4}\left[2k\beta(1-m) - k\beta(1-m)\right] = \frac{k\beta}{4}(1-m)^2 \tag{10}$$

所以分别将参考评论和不参考评论时的消费者剩余做差，就得到评论对消费者剩余造成的变化量 ΔCS：

$$\Delta \text{CS} = \text{CS}_R - \text{CS}_{nR} = \frac{k\beta_R}{4}(1-m_R)^2 - \frac{k\beta_{nR}}{4}(1-m_{nR})^2 \qquad (11)$$

将其中 β_R 和 β_{nR} 分别代入式（5）即得

$$m_R = \frac{V_0}{2k\beta_R} - \frac{(1-r)x_R}{2k\beta_R} - \frac{(1-\beta_R)k}{4k\beta_R} = \frac{2V_0-k}{4k\beta_R} - \frac{(1-r)x_R}{2k\beta_R} + \frac{1}{4} \qquad (12)$$

$$m_{nR} = \frac{V_0}{2k\beta_{nR}} - \frac{(1-\beta_{nR})k}{4k\beta_{nR}} = \frac{2V_0-k}{4k\beta_{nR}} + \frac{1}{4} \qquad (13)$$

引理 3　在引理 1 成立时，有 $m_R \leqslant m_{nR}$。

证明　对 m_R 和 m_{nR} 做差，整理得

$$m_R - m_{nR} = \frac{2V_0-k}{4k\beta_R} - \frac{2V_0-k}{4k\beta_{nR}} - \frac{(1-r)x_R}{2k\beta_R} = \frac{(2V_0-k)(\beta_{nR}-\beta_R)}{4k\beta_R\beta_{nR}} - \frac{(1-r)x_R}{2k\beta_R}$$

因为 $\beta_R \geqslant \beta_{nR}$，所以 $\beta_{nR}-\beta_R < 0$；根据式（2）必有 $(2V_0-k) \geqslant 0$；同时因为 $\beta_R > \beta_{nR}$，可得 $(2V_0-k)(\beta_{nR}-\beta_R) \leqslant 0$，进而可得 $\frac{(2V_0-k)(\beta_{nR}-\beta_R)}{4k\beta_R\beta_{nR}} \leqslant 0$；又因为 $\frac{(1-r)x_R}{2k\beta_R} > 0$，所以有 $m_R - m_{nR} \leqslant 0$。
结合引理 1，可以得到

$$m_R \leqslant m_{nR} < \frac{1}{2} \qquad (14)$$

将式（6）代入式（8），并用 β_{nR} 和 β_R 分别替换分母和分子中的 β，因为 $\beta_R \geqslant \beta_{nR}$，因此可以得到比式（8）更强的条件：

$$2(V_0-(1-r)x_R) > k > \frac{2(V_0-(1-r)x_R+k\beta_R(1-m))}{1+\beta_{nR}} \qquad (15)$$

可以把比式（8）更强的式（15）作为本文结论成立的条件。

命题 1　在线产品评论有利于增加消费者剩余。

证明　对 CS_R 和 CS_{nR} 做差，得

$$\Delta \text{CS} = \text{CS}_R - \text{CS}_{nR} = \frac{k\beta_R}{4}(1-m_R)^2 - \frac{k\beta_{nR}}{4}(1-m_{nR})^2 \geqslant \frac{k\beta_R}{4}(1-m_R)^2 - \frac{k\beta_R}{4}(1-m_{nR})^2$$

$$= \frac{k\beta_R}{4}\left[(1-m_R)^2 - (1-m_{nR})^2\right]$$

由式（14）不难发现 $\Delta \text{CS} > 0$，因此可以得出结论：在线评论有利于增加消费者剩余。这里直观上可以简单解释为：在线评论可以为消费者提供有用的信息，帮助消费者降低产品信息的不确定性，使消费者获得更大的净效用，从而使消费者获得更大的剩余价值。但是命题 1 并没有给出消费者剩余增加的影响因素，下文将进一步研究影响 ΔCS 大小的因素。

命题 2　x_R 越大，相对于没有阅读评论的情况，消费者参考评论后消费者剩余的增加量 ΔCS 越大。

证明　对 ΔCS 关于 x_R 求导得

$$\frac{\partial \Delta \text{CS}}{\partial x_R} = \frac{\partial \text{CS}_R}{\partial x_R} = \frac{k\beta_R}{2}(1-m_R)\left(-\frac{\partial m_R}{\partial x_R}\right) - \frac{k\beta_{nR}}{2}(1-m_{nR})\left(-\frac{\partial m_{nR}}{\partial x_R}\right) = \frac{(1-m_R)(1-r)}{4} > 0$$

所以，相对于没有评论的情况，x_R 越大，消费者剩余的增加量越大，对消费者越有利。其现实意义也很明显：x_R 越大说明评论中揭示的关于产品质量的额外的有用信息越多，换言之，在线产品评论对信息不对称的问题的缓解作用越明显，这对消费者是有利的。当 x_R 比较小时，说明在线评论的有用

性相对较低，参考价值不高，对引导消费者进行合理的购买决策的作用不大。对于有些在线评论平台，尽管它向消费者提供真实的产品信息，但是信息的价值并不大，缺少积极有效的产品信息。例如，某些评论只是一味地说产品的质量好，但是并不具体指出产品的质量好在哪些方面，很容易让消费者认为这样的评论有虚假嫌疑，不具参考价值，所以这样的评论对消费者的购买动机的强化作用不大，甚至是负的。

　　这里一个比较现实的例子就是一些商家会用奖励的措施来鼓励消费者对产品做好评，但是有时候这些好评往往会超出产品的实际性能，这样短期内可能会刺激消费者的消费。但是长期来看，这样会影响消费者对该平台的信任，甚至出现信任危机，影响消费者对该产品或者该商家的风险态度（具体原因会在命题 4 和命题 5 中给出），这样反而使商家得不偿失。所以，在线平台其实只是一个产品推广平台，通过平台信息展示，让消费者了解更多的产品信息，从而提高产品的需求。这里评论刺激需求的前提就是产品本身至少要满足消费者的基本要求。

命题 3　当 β_R 越大时，消费者参考评论后消费者剩余的增加量 $\Delta\mathrm{CS}$ 越大。

证明　对 $\Delta\mathrm{CS}$ 关于 β_R 求导得

$$\frac{\partial \Delta\mathrm{CS}}{\partial \beta_R} = \frac{\partial \mathrm{CS}_R}{\partial \beta_R} = \frac{k}{4}(1-m_R)^2 - \frac{k\beta_R}{2}(1-m_R)\frac{\partial m_R}{\partial \beta_R}$$

$$= \frac{k}{4}(1-m_R)^2 + (1-m_R)\frac{2V_0 - k - 2(1-r)x_R}{8\beta_R} > 0$$

　　所以，当 β_R 越大时，消费者剩余的增量 $\Delta\mathrm{CS}$ 会越大。因为 β_R 越大，说明消费者接收的信号越准确，相应的关于产品适用性的评估就越准确，对消费者越有利，这同样可以在一定程度上减少信息不对称问题给消费者带来的损失，所以相应的消费者剩余的增量会变大。这里 β_R 与 x_R 的作用效果在一定程度上具有相似性，都是在线评论本身的特征对消费者剩余产生的影响。当然 β_R 比较大并不是说产品对消费者的适用性 λ 比较大。此外，从式（1）中也可以发现，本文中的消费者净效用其实是一个条件期望值，也就是说，消费者追求的是消费者条件期望净效用的最大化，所以对于给定的产品，即便产品对消费者的适用性程度 λ 不高，但 β_R 越大时，相应的期望净效用也越大，消费者购买该种产品的动机也会得到强化。

命题 4　当 r 越大时，消费者参考评论后消费者剩余的增加量 $\Delta\mathrm{CS}$ 越小。

证明　对关于 r 求导得

$$\frac{\partial \Delta\mathrm{CS}}{\partial r} = \frac{\partial \mathrm{CS}_R}{\partial r} = -\frac{k\beta_R}{2}(1-m_R)\frac{\partial m_R}{\partial \beta_R} = -\frac{k\beta_R}{2}(1-m_R)\frac{x_R}{2k\beta_R} < 0$$

　　从结果可以发现，当 x_{nR} 和 x_R 一定时，r 越大，消费者剩余的增量 $\Delta\mathrm{CS}$ 会越小。因为 r 越大，说明消费者更加看重自身拥有的关于产品质量的信息，相应的对产品评论揭示的关于产品质量的额外信息分配的权重就会相应减小，消费者拥有的关于产品质量的信息距离真实的产品质量信息的差距就越大，从而消费者获得的净效用越少，对消费者越不利，所以相应的消费者剩余的增量会越小。

　　事实上，r 在一定程度上也表征了消费者的类型信息：r 越大，说明消费者越保守，又或者是消费者对评论的信任程度不是很高。对于一个在线评论平台来说，如果很多消费者都表现出这样一种比较保守的特征，很大程度上可以说明这个在线评论平台的可信程度很低，这对该平台来讲应该是一个警醒的信号。平台中评论的价值普遍不高，甚至存在大量虚假评论，因此平台有必要通过采取一些措施来改善这种情况，以保证平台能够继续运行下去。

　　另外，由于 $\frac{\partial \Delta\mathrm{CS}}{\partial r} = \frac{\partial \mathrm{CS}_R}{\partial r}$，当 r 增大时，CS_R 必然会减小，这与上面的情况相似，在这里不做进

一步分析。

命题 5　随着 k 增大，消费者参考评论后消费者剩余的增加量 ΔCS 会越大，CS_R 则是先减小后增加。

由于 $\frac{\partial \Delta CS}{\partial k}$ 的复杂性，仅通过表达式很难直观上判断出其正负号，因此，本文借助于数值计算来对其符号进行判断。计算结果表明 ΔCS 关于 k 单调递增。其中表 1 是本文进行试验的参数，图 3 给出了表 1 参数下的结果。通过图 3 可以发现，k 越大，消费者对适用性程度越不敏感，即消费者越容易得到满足，或者消费者越容易从适用性中得到更多的效用，相应的消费者剩余的增量也会越大。

表 1　实验参数表

ID	r	β_R	β_{nR}	V_0	x_R
1	0.6	0.7	0.5	10	0.5
2	0.6	0.6	0.6	10	0.5
3	0.6	0.7	0.6	5	0.5
4	0.6	0.7	0.6	10	0.8
5	0.4	0.7	0.6	10	0.5
6	0.5	0.9	0.6	8	0.7

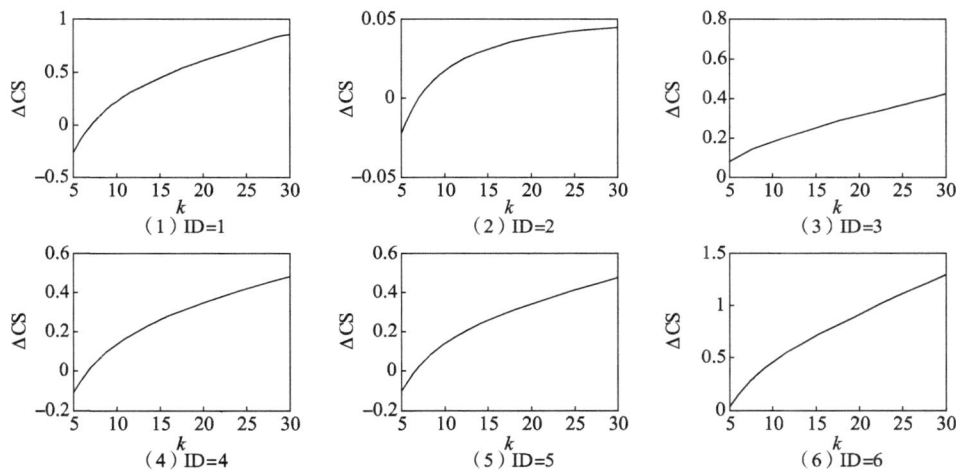

图 3　ΔCS 和 k 的关系

这里的 k 与 r 类似，也同样是对消费者类型的一种说明。很明显，当 k 较大时，消费者类似于效用风险型消费者，此时在产品适用性程度的期望 $E(\lambda)$ 上的一个比较小的增长 $\Delta E(\lambda)$ 都会带来效用上的较大增长 $k\Delta E(\lambda)$，这在很大程度上刺激了消费者的购买欲望。

值得注意的是，当 k 不满足式（11），也即 k 小于某一临界值时，消费者剩余相对于没有评论时是减少的，即 $\Delta CS < 0$。在这里本文认为，k 可以作为消费者类型的一种度量，k 较小说明消费者对适用性的要求比较高、比较敏感，又或者说比较保守，对产品评论持怀疑态度，因此消费者认为产品评论对其来说可能并不是一件好事，当然现实生活中这种情况往往很少，这种消费者往往属于过分保守类型。

单独研究 CS_R 关于 k 的变化情况时发现，CS_R 关于 k 是先减少后增加的，也即当 k 满足引理 1 给出的范围时，随着 k 增大，消费者在阅读评论后的消费者剩余是增大的。这个结果很直观，k 较大说明消费者比较容易满足，相应的，在产品适用性上获得的效用也越大；但是当 k 小于引理 1 给出的下界时，CS_R 关于 k 是单调递减的。对此可以解释为在 k 较小时，消费者对适用性要求很高，此时参考评论对消费者来说带来的效用很少，几乎不能抵消成本投入带来的负效应，因此参考评论反倒不如直接购买或者直接拒绝购买。事实上，在 k 小于引理 1 给出的下界时，k 增大仍然会增加消费者的效用，但是由于适用性提高带来的效用（注：其实应该是质量和适用性二者之和，但是由于质量也有相似的作用，所以这里单独拿出 k 仍然成立。）仍然不能抵消阅读评论造成的时间等成本的投入带来的负效用，所以随着 k 的增加 CS_R 仍然会减少，直到该效用可以抵消投入为止，此时 k 进入引理 1 的范围。此后随着 k 的增加，CS_R 才会表现为增加。图 4 给出了表 1 参数下的六个实例。

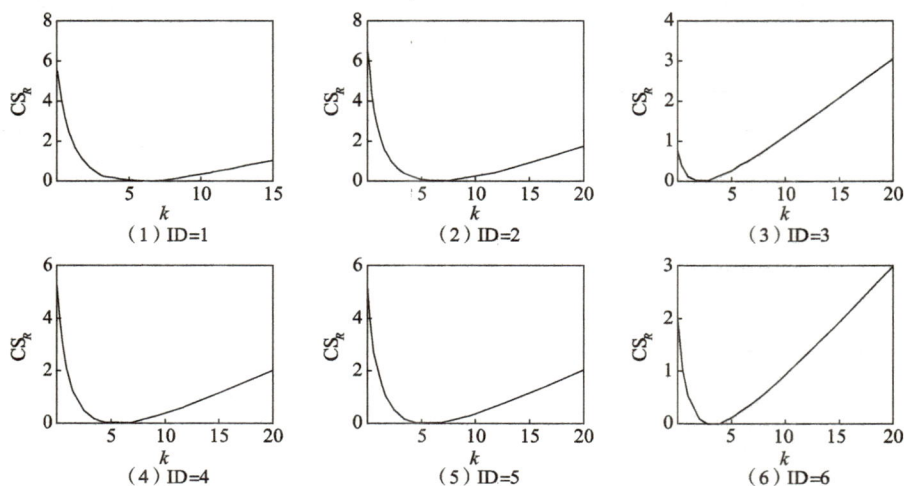

图 4 CS_R 关于 k 的变化情况

没有阅读评论时，CS_{nR} 关于 k 也有相似的变化趋势，同样也是由于类似的原因，本文不再做分析。

4   在线评论对零售商利润的影响

分别对有评论和无评论时的式（7）做差即可得到有在线评论参与时零售商利润相对于无评论时的变化量，如下式所示：

$$\Delta \pi = \pi_R - \pi_{nR} = p_R^* D_R^* - p_{nR}^* D_{nR}^* = \frac{k \beta_R}{2}(1 - m_R)^2 - \frac{k \beta_{nR}}{2}(1 - m_{nR})^2 > 0$$

从以上结果可以看出，在线评论有利于提高零售商的利润，这也是零售商会鼓励消费者积极参与产品评论的原因。同时，不难发现 $\Delta \pi = 2 \Delta CS$，所以，在线评论对 $\Delta \pi$ 的影响与对 ΔCS 的影响相似。也正因为如此，零售商对产品评论的有效性的控制以及对消费者的风险类型的判断和改进同样对零售商的利润有很大的影响。尽管零售商和消费者的动机不一致，但是二者的利益最大化行为的效果却是一致的。所以，零售商应该在消费者的立场考虑问题，而不是单纯地想从消费者身上获取什么，因为零售商为提高消费者利益做出努力的过程，也是自身利益得到最大化的过程，这其实是一种共生而非对立的关系。

本文同样利用设置参数的方法比较 β_R 和 x_R 之间的作用效果，结果如图 5 所示。从图 5 中不仅可以进一步验证命题 2 和命题 3，而且从中可以发现 $\frac{\partial \Delta CS}{\partial \beta_R} > \frac{\partial \Delta CS}{\partial x_R}$。也就是说，在大多数情形下，$\beta_R$ 的作用效果比 x_R 要好，表现为 β_R 对消费者剩余增量 ΔCS 和零售商利润的增量 $\Delta \pi$ 的促进作用要比 x_R 更显著，所以零售商要想尽快改善客户体验、提高利润，应该先从提高 β_R 入手。进一步，本文认为，β_R 其实可以从一定程度上表示产品的多样化程度，因为当产品多样性增强时，从概率上来说，消费者匹配到适用的产品的概率更大一些，反过来又使相应的评论中揭示的适用性信息更加丰富；而 x_R 很明显反映的是产品的质量水平。按照以上结果，本文可以给出一个企业努力的方向，即在保证产品质量达到一定水平后，可以转而朝着增加产品的多样性方向去努力，因为这时再继续提高产品质量的投入产出效果可能不如提高产品多样性有效。与 β_R 和 x_R 不同，影响因子 r 和 k 是消费者自身具有的特征，零售商不容易对其产生影响，在这不做过多分析。

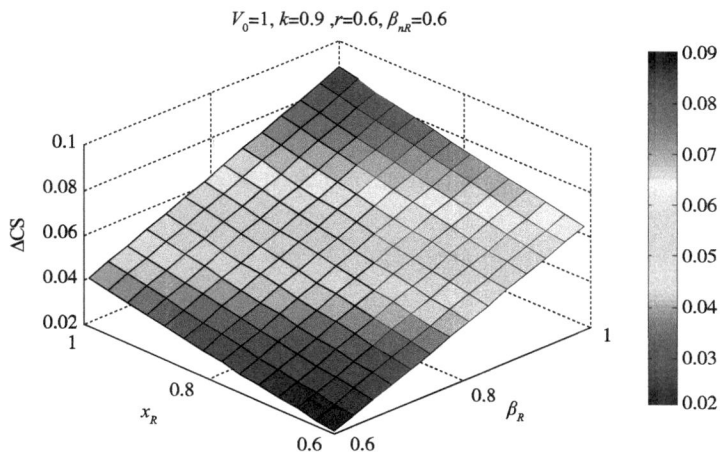

图 5 ΔCS 关于 x_R 和 β_R 的变化情况

5 结论

本文研究了单一产品市场情况下在线评论对消费者剩余的影响。消费者通过阅读在线评论获取额外的一些关于产品的信息来减少产品的质量和适用性的不确定性，辅助自己做出购买决策。在质量维度，消费者遵循横向差异化理论，质量与消费者效用呈正相关；在适用性维度，消费者遵循纵向差异化特征，同一产品适用性随消费者不同而不同，但是消费者效用与适用性程度呈正相关。

从前面的过程可以看出，在线产品评论会增加消费者剩余，尽管如此，零售商依然会鼓励消费者的产品评论行为，原因很简单，就是在线评论同时也会帮助零售商增加利润。首先，在线评论可以刺激消费者的消费行为；其次，越有价值的评论，越能更好地缓解零售商和消费者之间的信息不对称问题，从而对消费者剩余的增加量 ΔCS 的正效应也越大。

x_R 和 β_R 越大，说明评论越有价值，评论揭示的信息越重要，能够较好地缓解信息不对称问题，此时消费者剩余相对于没有评论时的增加量也会增大。本文还发现，多数情况下 β_R 对 ΔCS 的影响程度要强于 x_R。因此对零售商或生产商来讲，在保证产品质量达到一定水平后，就应该朝着增加产品的多样性方向去努力，因为这时再继续提高产品质量的投入产出效果可能不如提高产品多样性有效。

$1-r$ 表示在质量维度消费者对评论的依赖程度。上文的分析结果表明，当 x_{nR} 和 x_R 一定时，r 越小，带来的消费者剩余的增长越大；在本文引理 1 给出的解析范围内，k 的增大同样会带来消费者剩余的增加，这些都是与消费者自身特征有关的结论。除此之外，零售商如果能根据产品消费者的产品评论信息识别消费者的类型 r 和 k，有针对性地对消费者做精准推荐，那么这样的推荐的成功率会大大提高，尤其是对于风险型消费者。对于相对保守的消费者，可以通过提高产品和服务的质量来增强信任，从长期来看，这样的措施有可能会刺激消费者类型的改变，使消费者对于该产品或该零售商的态度逐渐变得激进。

　　本文的种种结论都表明，为了达到整个社会福利的最大化（这里简单包括零售商和消费者），一个优秀的评论平台既需要有甄别并剔除虚假评论的能力，而且还要具备筛选出有用的评论供消费者参考的能力，这也是设计一个好的在线产品评论平台的一些基本要求。

　　本文也有一些局限性。首先，本文为了处理上的简便，只运用了经典经济学中关于消费者剩余的量化方法，研究并不全面，而且只研究了单一产品的情况；其次，在处理消费者类型时，只简单用 k 和 r 对消费者特征进行说明，并没有进一步研究不同消费者类型的消费者剩余变化情况。未来的一个可能的研究方向就是结合该模型，通过实证的分析来研究在线评论环境下的消费者剩余的变化情况，进一步验证该模型的有效性。另外，本文的另一个潜在的假设是在线评论揭示的信息都是真实的，但是现在的确存在很多虚假评论的情况，因此可以继续深入研究在虚假评论存在时消费者剩余如何变化，或者研究如何分辨虚假评论或获得有用评论，这些研究都有很强的现实意义和社会意义。

参 考 文 献

[1] Zhu F, Zhang X M. Impact of online consumer reviews on sales: the moderating role of product and consumer characteristics[J]. Marketing, 2010, 74（2）: 133-148.

[2] Deloitte T. Most consumers read and rely on online reviews; companies must adjust[R]. Technical report, Deloitte and Touche via eMarketer, 2007.

[3] Chen Y, Xie J. Online consumer review: word-of-mouth as a new element of marketing communication mix [J]. Management Science, 2008, 54（3）: 477-491.

[4] 郝媛媛, 叶强, 李一军. 基于影评数据的在线评论有用性影响因素研究[J]. 管理科学学报, 2010, 13（8）: 78-99.

[5] Li X, Hitt L M. Price effects in online product reviews: an analytical model and empirical analysis[J]. MIS Quarterly, 2010, 34（4）: 809-831.

[6] 王伟, 王洪伟, 孟园. 协同过滤推荐算法研究：考虑在线评论情感倾向[J]. 系统工程理论与实践, 2014, 34（12）: 3238-3249.

[7] Ullah R, Amblee N, Kim W, et al. From valence to emotions: exploring the distribution of emotions in online product reviews[J]. Decision Support Systems, 2016, 81（1）: 41-53.

[8] Wu C, Che H, Chan T Y, et al. The economic value of online reviews[J]. Marketing Science, 2015, 34（5）: 739-754.

[9] Sun M, Tyagi R. When does a manufacturer disclose product match information [R]. Working Paper, University of Southern California, Los Angeles, 2012.

[10] Gu Z J, Xie Y. Facilitating fit-revelation in the competitive market[J]. Management Science, 2012, 59（5）: 1196-1212.

[11] Kwark Y, Chen J, Raghunathan S. Online product reviews: implications for retailers and competing manufacturers[J]. Information Systems Research, 2014, 25（1）: 93-110.

[12] Hausman J A. Exact Consumer's surplus and deadweight loss[J]. The American Economic Review, 1981, 71（4）: 662-676.

[13] Brynjolfsson E, Hu Y, Smith M D. Consumer surplus in the digital economy: estimating the value of increased product variety at online booksellers[J]. Management Science, 2003, 49（11）: 1580-1596.

[14] Bapna R, Jank W, Shmueli G. Consumer surplus in online auctions[J]. Information Systems Research, 2008, 19（4）: 400-416.

[15] 朱立龙, 于涛, 夏同水. 创新驱动下三级供应链分销渠道产品质量控制策略研究[J]. 系统工程理论与实践, 2014, 34（8）: 1986-1997.

[16] Li X, Hitt L M, Zhang Z J. Product reviews and competition in markets for repeat purchase products[J]. Journal of Management Information Systems, 2011, 27（4）: 9-42.

[17] 杨铭, 祁巍, 闫相斌, 等. 在线商品评论的效用分析研究[J]. 管理科学学报, 2012, 15（5）: 65-75.

[18] Sun M. How does variance of product ratings matter[J]. Management Science, 2012, 58（4）: 696-707.

[19] Shaffer G, Zettelmeyer F. When good news about your rival is good for you: the effect of third-party information on the division of channel profits [J]. Marketing Science, 2002, 21（3）: 273-293.

[20] Villias-Boas J M. Consumer learning, brand loyalty, and competition [J]. Marketing Science, 2004, 23（1）: 134-145.

[21] Ruckes M. Bank competition and credit standards [J]. Review of Financial Studies, 2004, 17（4）: 1073-1102.

[22] Johnson J P, Myatt D P. On the simple economics of advertising, marketing, and product design [J]. The American Economic Review, 2006, 96（3）: 756-784.

[23] McCracken S. Informative advertising under duopoly[R]. Working Paper, Australian National University, 2011.

[24] Petriconi S. Bank competition, information choice and inefficient lending booms[R]. Working Paper, Universitat Pompeu Fabra, 2012.

The Impact of Online Consumer Reviews on Consumer Surplus

ZHU Cungen, YAO Zhong, FENG Jiao

（School of Economics and Management, Beihang University, Beijing 100191, China）

Abstract　Online consumer reviews, which play an important role in consumers purchase decisions, also affect the consumer surplus significantly. This paper established a model about the product quality and its fit to consumers' needs to calculate the utility of consumer. Then the consumer surplus is derived to compare and examine the difference of the consumer surplus between product reviews case and non- reviews case. It shows that reviews are helpful to the increase of consumer surplus. Furthermore, the results also show that, in general, the quality and fit level that is revealed by reviews, the weight that consumer distribute to reviews and the fit coefficient all have a positive effect on consumer surplus. In addition, the effect reviews exert on retailers' profit is similar with consumer surplus.

Key words　Online consumer reviews, Product quality, Product fit, Consumer surplus

作者简介

朱存根（1990—），男，北京航空航天大学经济管理学院，2014 级硕士研究生，北京市海淀区学院路 37 号北京航空航天大学。E-mail：1193524329@qq.com。

姚忠（1964—），男，北京航空航天大学经济管理学院，博士、教授、博士生导师，北京市海淀区学院路 37 号北京航空航天大学。主要研究信息经济学、信息系统行为方法、运作管理、神经信息系统。E-mail：iszhyao@buaa.edu.cn。

冯娇（1987—），女，北京航空航天大学经济管理学院，2012 级博士研究生，北京市海淀区学院路 37 号北京航空航天大学。E-mail：fengjiao198705@126.com。

信息系统学报
第 17 辑：56–70

China Journal of Information Systems
56–70

企业生成内容对用户生成内容的影响
——以新浪企业微博为例*

吕喆朋，黄京华，金悦

（清华大学 经济管理学院，北京 100084）

摘　要　随着越来越多的用户使用微博等社会化媒体，出现了大量在线用户生成内容（UGC），其中与企业品牌相关的用户生成内容能够为企业带来价值。因此，企业如何利用社会化媒体增加在线用户生成内容是学术界和业界关注的热点问题，然而这方面的研究仍非常有限。本文基于 Dichter 口碑产生动因理论和使用满足理论，从品牌社区的角度研究企业微博生成内容（MGC）对 UGC 的影响机制。本文收集了 28 家企业 78 天内发布的 7 916 条微博及其 2 364 810 条转发和评论，以及用户发布的与品牌相关的 2 834 731 条微博，采用负二项式回归模型对数据进行了分析。实证分析发现，企业发布的微博数量和回复数量不仅能够引发用户的转发、评论，而且能影响用户主动发布与品牌相关的内容，即增加用户原创 UGC。此外，用户转发和评论，尤其是回复性评论和认证用户的转发，也能显著地影响用户原创 UGC。本文的研究结论对企业微博运营具有指导意义。

关键词　企业微博，企业生成内容，用户生成内容，影响机制

中图分类号　C931.6

1　引言

随着社会化媒体的热度不断增加，涌现了大量企业生成内容和用户生成内容。以新浪微博为例，新浪微博发布的 2015 年第二季度财务报表显示，其月活跃用户以平均每年 36% 的速度增长，2015 年第二季度达到了 2.12 亿人[1]。面对如此巨大的潜在客户群体，企业也纷纷在微博平台开展营销活动。《2012 企业微博白皮书》显示，截至 2012 年 2 月底，共有 130 565 家企业开通了新浪微博[2]。这些企业和个人在微博平台上创造了大量的内容。其中，企业生成内容（marketer-generated content，MGC）包括两类：一类是企业发布的微博，如品牌与产品动态、促销活动信息、幽默美文等；另一类是企业对用户的回复，是企业关于用户对企业微博的评论的反馈。对于企业而言，与其品牌相关的用户生成内容（user-generated content，UGC）包括两类：一类是用户针对企业发布的微博产生的转发和评论，称为"企业微博相关 UGC"；另一类是用户在其个人微博主页主动发布与品牌相关的微博，称为"用户原创 UGC"。研究显示，用户转发和评论企业微博可以促进信息扩散[3]，用户原创 UGC 可以影响产品销售收入以及企业的股票交易量和超额收益[4~6]。因此，如何增加用户对企业微博的讨论以及促进用户产生原创 UGC 是企业微博管理者面临的挑战。

针对此问题，学术界展开的研究还非常有限。Malhotra 等认为精炼的语句、吸引眼球的词语、生动的语言等企业微博内容设计可以增加其转发[3]。严威等发现企业微博内容中传递的品牌信息和推荐

---

* 基金项目：国家自然科学基金项目（71272028，71490721）、教育部人文社会科学重点研究基地项目（13JJD630008）。
　通信作者：黄京华，清华大学经管学院管理科学与工程系教授，E-mail：huangjh@sem.tsinghua.edu.cn。

奖励计划对企业微博转发有显著影响[7]。张晶等的研究结果显示企业微博的转发受到粉丝数量及产品类型的影响[8]。然而，上述这些有限的研究还存在以下不足：对 MGC 的分析局限于企业发布的微博数量及内容，没有考虑企业对用户的回复，并且没有探究 MGC 对用户原创 UGC 的影响。因此，本文将以新浪微博为研究对象，深入研究企业发布微博和回复是否会影响用户评论和转发，以及用户原创内容的产生；并进一步探索用户评论和转发企业微博是否会促进用户原创内容的产生。

本文结构如下：第一部分是文献综述部分，对 UGC 的影响因素以及 MGC 对 UGC 的影响研究进行回顾；第二部分提出本文的研究假设；第三部分是研究设计，包括样本选择和数据收集，以及研究模型和变量设计；第四部分是数据分析，并对结果进行讨论；第五部分是总结本文的主要贡献、局限性和未来研究方向。

2 文献综述

2.1 UGC 影响因素相关研究

2.1.1 用户发布品牌相关内容的影响因素

在以往研究中，UGC 也被称为用户口碑（word of mouth，WOM），因此我们借鉴了口碑研究的经典文献。

Dichter 口碑产生动因的理论框架被大多数学者所采纳[9~12]。该理论框架认为用户产生口碑有以下四个方面的原因。第一，自我增强：获得他人关注，显示其品牌方面的权威、地位，展示其拥有内部信息以及体现其优越感；第二，帮助他人：向他人表达关爱、帮助他人进行购买决策；第三，产品评论：表达产品的正向和负向评论；第四，传播信息：被广告、商业宣传刺激产生口碑。de Matos 和 Rossi 采用荟萃分析法验证了承诺、感知价值、质量、信任、满意和忠诚对口碑的影响[13]。

近几年来，市场营销领域的学者们对在线口碑影响因素进行了大量研究[10, 11, 14, 15]。Hennig-Thurau 等在 Dichter 的基础上通过问卷调查发现，用户对社会交互的需求、对经济利益的渴望、对他人的关心、自我增强的意愿是在线口碑产生的主要原因[10]。Lovett 等通过对 600 多个美国品牌线上以及线下口碑进行分析，发现线上用户产生口碑主要受到以下因素的影响：社交意愿，包括提高个人形象、展示独特性及渴望与他人交流；信息需求与分享意愿，包括获取品牌信息以及向他人提供有用信息；情感表达意愿，包括用户的品牌满意度等[11]。

上述文献为本文研究 UGC 的生成机制奠定了基础。

2.1.2 用户转发的影响因素

学者们对用户转发的研究主要从被转发信息的内容形式特征、发布者特征、发布者与转发者的社交关系等方面展开。第一，在内容形式特征方面，Suh 等对 Twitter 的实证研究结果表明话题、提及和短链对用户转发有显著的影响[16]；Boyd 等通过内容分析发现被转发的微博使用话题、短链和@功能的占比分别为 18%、52%和 9%[17]；Stieglitz 和 Dang-Xuan 的实证研究发现微博中包含的情感词越多，被转发的次数越多，并且时间间隔越短[18]。第二，在发布者特征方面，张旸等对 Twitter 用户的研究发现，粉丝数、被提及数、是否认证等发布者相关特征也会影响其微博的转发[19]。第三，在社交特征方面，Peng 等的研究结果表明发布者的社会关系，如发布者与接收者的共同粉丝数、共同好友数、共同转发次数、共同提及次数等对接收者转发发布者的微博有影响[20]；Shi 等对 Twitter 的研究显示，由于弱关系能够为用户带来非冗余的、更有价值的信息，当接收者单向关注发布者时，接收者更有可能转发发布者的微博[21]。此外，微博的发布时间、信息质量和来源有效性也会影响其转发[22~24]。

上述研究分析了用户转发个人微博的影响因素。企业微博和个人微博既有共性也有差异，相同之处是内容形式相近，不同之处在于，相比个人微博的情绪表达和经历分享，企业微博的内容则包含更多产品信息和促销信息。因此，我们将借鉴以上研究结果，进一步分析用户转发企业微博的影响因素。

2.2　MGC 对 UGC 影响的相关研究

2.2.1　微博平台上 MGC 对 UGC 的影响

有少量文献基于二手数据研究了微博平台上 MGC 对 UGC 的影响。Malhotra 等研究发现企业微博内容设计的 9 种策略可以提高转发，如精炼的语句、吸引眼球的词语、生动的语言、请求转发的词语、宣传品牌成就的内容、有价值的信息、折扣券等[3]。闫幸和常亚平认为企业发布微博是为了引发企业与用户之间的互动，他们采用扎根理论对新浪企业微博上的微博类型和用户评论进行了文本分析。研究发现，企业微博内容可以分为任务导向和社会性两大类，其中任务导向类中的共同创造活动子类微博能够引发价值敏感型粉丝的大量评论；社会性类中的一般社会知识子类微博则能通过与粉丝进行情感交流来产生共鸣，进而引发粉丝评论[25]。同样，对企业微博进行文本分析的还有严威等的研究，他们认为企业微博内容中传递的品牌信息和推荐奖励计划对企业微博转发有正向的显著影响[7]。张晶等对企业微博实际运营数据的分析表明，企业微博的转发受到粉丝数及产品类型的影响，经营体验型产品的企业其微博被转发的概率高于经营搜索型产品的企业[8]。

还有少数的文献采用问卷调查的方法，从品牌社区的角度研究了企业微博对用户参与以及忠诚度的影响[26~28]。Hsu 等认为用户对企业微博的满意和对企业形象的感知会通过信任、承诺和社区感影响他们的参与意向[26]。Kwon 等在分析用户参与企业微博动机的基础上，认为企业微博价值会直接影响用户的品牌认同、品牌社区承诺、关系持续意向和品牌推荐意向[27]。徐健等则认为企业微博价值会通过影响微博满意和微博忠诚来影响用户的品牌忠诚[28]。

上述有限的研究存在以下两个问题：第一，这些文章对 MGC 的分析局限于企业发布的微博数量及内容，没有考虑企业对用户的回复。企业除了发布微博以外，还可以对用户的评论进行回复，这种针对性的沟通更能吸引用户注意力[29]，让用户感觉到企业对他们的重视，并提高满意度和忠诚度[28]，值得深入研究。第二，上述基于二手数据的文献对 UGC 的分析只局限于对企业微博的转发和评论，并没有进一步探索企业微博对用户原创 UGC 的影响，而基于问卷调查的文献也没有对不同类型的 UGC 进行区分和深入研究。

2.2.2　其他社会化媒体平台上 MGC 对 UGC 的影响

由于微博平台上研究 MGC 影响 UGC 的文献较少，我们也借鉴了其他社会化媒体平台上的相关研究。

首先，部分学者从 MGC 的数量和形式上研究 MGC 对 UGC 的影响。Smith 等通过对服饰品牌 Lululemon 和 American Apparel 在多种社会化媒体平台上的表现比较发现，前者比后者更能积极发布内容、主动回复用户，与前者相关的正面用户原创 UGC 显著多于后者，并且负面 UGC 显著少于后者[30]。Miller 和 Tucker 对美国 5 759 家医院使用 Facebook 主页进行研究，发现医院发布的 MGC 数量能够增加用户的评价、转发和点赞[31]；然而他们也发现，由于医院发布的很多内容都与其员工相关，因此大部分 UGC 是由员工而不是病人产生。Chung 等除了研究 Facebook 主页上 MGC 的数量，还进一步探究了 MGC 的媒体多样化、企业对用户的回复情况对用户参与企业 Facebook 主页的影响。他们发现，MGC

越多、包含多媒体及积极回复用户均能增加用户参与[32]。de Vries 等在一家社会化媒体平台上对 11 个国际品牌的研究发现，MGC 是否置顶会影响其获得的点赞数和评论数[33]。

其次，有学者从 MGC 的内容上研究 MGC 对 UGC 的影响。Ding 等将品牌社区内的 MGC 分为与产品相关的内容和与社交相关的内容，他们发现与产品相关的 MGC 能够促使用户提出对产品的期望和建议，分享使用经验或将产品推荐给朋友；而与社交相关的 MGC 中包含对用户的问候，这会推动用户与企业和他人的互动，增加与社交相关的 UGC[12]。Jahn 和 Kunz 基于使用满足理论研究了用户参与 Facebook 品牌粉丝社区（fan page）的原因，发现社区提供的信息价值（功能信息与娱乐信息）、社交价值（与品牌互动、与其他用户互动）和自我形象价值是影响用户社区参与（包括评论、转发等）的重要因素，而用户对品牌粉丝社区的参与还会影响用户的品牌忠诚度[34]。

以上文献中，除了 Smith 等的研究，其他文章均未分析 MGC 对用户原创 UGC 的影响。Smith 等的研究缺乏理论解释，而且只对两家企业进行了对比，未能获得对一般公司适用的结论。

3　研究假设

3.1　MGC 对企业微博相关 UGC 的影响

根据使用满足理论，用户使用一种媒体是为了满足他们的需要[34, 35]。如果企业微博能够满足用户的需求，用户就愿意参与企业微博，产生企业微博相关 UGC。根据 Jahn 和 Kunz 对 Facebook 品牌社区的研究结果[34]，以及 Kwon 等[27]和徐健等[28]的研究，结合企业微博的特点，我们认为企业微博可以为用户提供以下三方面的价值。第一，企业微博能够为用户提供信息价值。企业发布的微博中包含产品推荐与促销信息等，这能够帮助用户快速获取他们想要的信息[36]。第二，企业微博能够为用户提供社交价值。当企业发布与用户讨论交流的微博时，可以促进用户与企业及其他用户互动[37]；当用户在企业微博社区内分享与品牌相关的经验时，有助于帮助其他用户形成对品牌的认知，并建立用户与用户之间的关系[38]。第三，企业微博能够为用户提供自我形象价值。在微博上，用户可以转发企业发布的微博或者针对相关内容进行评价、讨论，从而增强自我形象、吸引他人注意[10]。因此，企业发布微博数量越多，就越可能满足用户的需求，从而提高用户参与企业微博的意愿，即促进用户的评论和转发。

此外，微博的推送机制也会增加企业微博相关 UGC。当用户对企业发布的微博进行转发时，它就会被推送给该用户的粉丝，这些粉丝可能会受到被转发微博的内容形式特征、转发者特征、转发者与其社交关系等影响，产生二级乃至多级转发。例如，在内容形式方面，微博中包含的话题、短链等可能会触发这些粉丝进行转发[16, 17]，转发者的粉丝数以及是否认证也会影响转发的数量[19]，转发者与其粉丝的共同粉丝数、共同转发次数等也会对粉丝的转发产生影响[20]。

因此，本文提出如下假设：

H1a：MGC 的数量能够正向影响企业微博相关 UGC。

企业回复用户体现了企业微博对用户独特需求的满足和企业与用户的互动。首先，企业回复用户显示了对用户的重视和对个体需求的满足，可以提高用户对企业微博的满意度。其次，企业回复用户体现了与用户的深度互动，以及企业希望与用户维持良好关系的意愿。这能提高用户对企业微博品牌社区的认同，以及增加对企业的信任和忠诚[27, 28, 39]，从而继续参与企业微博，产生企业微博相关 UGC。

因此，本文提出如下假设：

H1b：企业回复用户的数量能够正向影响企业微博相关 UGC。

3.2　MGC 对用户原创 UGC 的影响

企业发布的微博数量会对用户原创 UGC 产生影响。首先，企业微博发布产品信息、促销活动、公司信息等，这些信息让用户了解企业动态和产品情况。企业发布的微博越多，用户获得与品牌相关的知识就越多，从而提高了用户对品牌的认知。在此基础上，用户受到 Dichter 的口碑产生动因的驱动而发布原创 UGC[9, 10]。第一，从自我增强角度，用户对产品的特点、品牌文化有所了解后，会通过发布原创 UGC 获得他人关注，显示自己的权威性和独特性；第二，从帮助他人意愿的角度，用户在对企业品牌/产品有所了解后，会发布用户原创 UGC，提供帮助他人进行购买决策的信息；第三，从产品评论角度，有产品使用经验的用户可能会在其个人微博主页上发表产品的正向或负向评论；第四，从营销角度，企业微博经常发布一些广告等商业宣传信息，用户可能会受到这些商业宣传的刺激而发布与品牌相关的内容。

因此，本文提出如下假设：

H2a：MGC 的数量能够正向影响用户原创 UGC。

企业回复用户能够有针对性地解答用户疑问，为用户提供其所需的额外信息。根据 Dichter 的口碑产生动因及相关扩展研究，用户会受到以下因素的影响而产生用户原创 UGC[9~11]。从自我增强的角度，用户可能发布原创 UGC 展示自己获得的额外信息，以吸引他人的目光，展示独特性。从帮助他人的角度，用户可能会无私地向他人提供自己获得的额外品牌/产品信息，以帮助他人深入了解品牌。从社会交互的角度，用户会在个人微博主页上分享额外信息，或是描述与企业深度交互的感受和经历，希望获得其粉丝的进一步交流沟通。从情感驱动的角度，较之其他用户，被企业回复的用户对额外获得的信息以及企业回复行为更为满意，用户的满意会触发与他人分享相关经历，从而主动发布与品牌相关的内容，即用户原创 UGC。

因此，本文提出如下假设：

H2b：企业回复数量能够正向影响用户原创 UGC。

3.3　企业微博相关 UGC 对用户原创 UGC 的影响

企业微博相关 UGC 对用户原创 UGC 的影响可以从两个角度来解释。从评论或转发企业微博的用户角度，用户的评论或转发越多，说明有越多的人浏览了企业微博的内容并在情感上产生共鸣，这是用户品牌涉入度高的体现。品牌涉入度越高，则用户对企业品牌就越忠诚[40]，也就越可能发布用户原创 UGC[13]。从其他用户的角度，转发者将企业微博进行了传播和扩散，未评论或转发的用户就有机会阅读到企业微博，根据 2.2 节的分析，他们会受到企业微博的影响，发布用户原创 UGC。

因此，本文提出如下假设：

H3a：企业微博相关 UGC 能够正向影响用户原创 UGC。

不同类型的企业微博相关 UGC 对用户原创 UGC 的影响可能存在差异。例如，企业微博相关 UGC 是否有针对性、来源是否可信，都会影响接收者对信息的态度。因此，根据微博平台特征，本文对企业微博相关 UGC 进行了细分，将评论分为回复性评论和非回复性评论，将转发分为认证用户转发和非认证用户转发，并分别研究了它们对用户原创 UGC 的影响。

第一，除了对企业微博进行评论外，用户也能够对他人的评论进行回复，这种针对性的交互行为更有可能促进用户之间对品牌的深度交流和讨论，并影响用户原创 UGC。这可从对评论者的认可及双方品牌认知的增加两方面来解释。一方面，用户的回复是对评论者的认可。评论者通过评论企业微博分享自己的想法，有助于帮助他人形成对产品/品牌或者对企业的评价，这是对企业微博的一种贡献。而用户的回复则体现了对评论者贡献的认可，相比于未得到回复的情况，这更能提升评论者的自尊，增加其对品牌社区的认同，从而发布用户原创 UGC[41]。另一方面，用户回复增加了双方的品牌认知。相比于未得到回复的评论，用户回复他人的评论是对相关话题的进一步探讨，其内容是有针对性的、与话题紧密相关的，这能够减少双方对于品牌/产品的不确定性[42]，并且加深对品牌的印象。根据 H3a 的分析，用户就更有可能发布用户原创 UGC。

因此，本文提出如下假设：

H3b：用户的回复性评论比非回复性评论更能够正向影响用户原创 UGC。

第二，信息发送者的身份对于接受者处理信息有非常重要的作用，因此也会影响用户原创 UGC。微博平台提供个人和企业的身份认证，被认证的用户在其微博名旁边有"V"的标志，可向信息接收者提示信息来源的可信度。根据信息处理的双过程模型，以及有关学者如 Chaiken[43] 以及 Forman 等[44] 的研究，信息来源的可信度能够增加信息感知有用性。考虑到微博上短时间内有大量信息产生，用户很有可能将信息来源作为判断信息有用性的依据。与非认证用户的转发相比，认证用户的转发更具有可信度，其转发的微博更有可能影响其他用户，加深他们对品牌的印象。此外，信息来源的可信度会使更多用户关注认证用户（即认证用户比非认证用户的粉丝数更多），从而认证用户的转发能够将品牌传播得更广，增加更多微博用户的品牌认知。进一步，根据 H3a 的分析，认证用户转发的企业微博就更有可能影响用户发布原创 UGC。

因此，本文提出如下假设：

H3c：认证用户的微博转发比非认证用户的微博转发更能正向影响用户原创 UGC。

上述所有假设如图 1 所示。

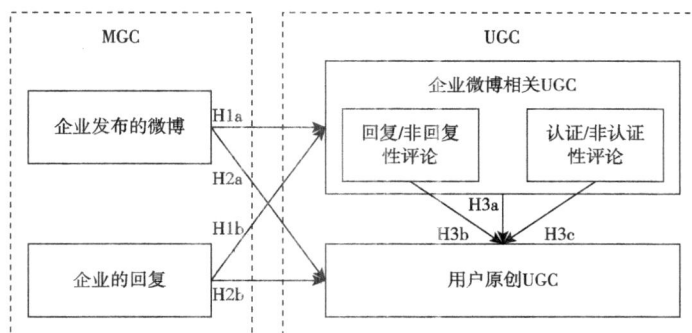

图 1　研究假设

4　研究设计

4.1　数据获取

本文根据以下几个方面因素选取样本企业。第一，产品直接面对消费者的企业，因为这类企业在微博平台上有较多的 UGC。第二，有唯一著名品牌的企业，因为这样的企业有唯一的品牌官方微博和品牌关键词，便于数据抓取。第三，上市企业或企业微博的粉丝数较多的企业。我们最终选取家电、服装纺织、通信设备及汽车 4 个行业中的 28 家企业作为样本企业。其中，家电企业包括九阳、海信、苏泊尔、爱仕达、格力、老板电器和美的 7 家企业；服装纺织包括七匹狼、美特斯邦威、探路者、森马、海澜之家和富安娜6家企业；通信设备企业包括TCL、中兴、小米、魅族、联想、HTC和OPPO 7家企业；汽车企业包括标致、长安铃木、马自达、比亚迪、力帆、长城、宝马和奥迪8家企业。

对于以上每一家样本企业，我们按照以下的步骤获取相关数据：第一，抓取企业微博数据、用户发布的与企业微博相关的UGC。进入样本企业的微博页面，用八爪鱼数据采集器抓取企业微博的每日粉丝数、发布的微博，以及每一条企业微博的评论（包括用户的评论和回复、企业对评论的回复）和转发及其用户名、时间。第二，抓取与品牌相关的用户原创UGC。在微博搜索页面，将企业品牌作为关键词进行搜索，用八爪鱼数据采集器抓取所有包含品牌关键词的微博及其发布者名称、身份标识、发布时间；剔除发布者为样本企业的微博及发布者为机构的微博。

本文参考了部分文献以选取合适的控制变量：①企业微博的粉丝数。因为本文文献综述分析表明企业微博的粉丝数会影响转发数量[19]。②机构发布的与品牌相关的微博。因为有研究显示，新闻媒体发布的与企业的有关信息会影响用户口碑的产生[45]。此外，我们认为，其他机构发布的与企业相关的内容（如天猫官微账号发布的九阳豆浆机的促销信息）也会影响用户产生UGC。由于微博对企业、新闻媒体官方账号进行了标识（认证机构），本文根据微博发布者是否是认证机构，从上述获取的原创UGC中筛选出认证机构发布的原创数据。③企业微博内容的形式特征，如话题（#）、短链（url）、推荐奖励计划。因为本文文献综述分析表明这些因素会影响微博的转发[7, 16]。

本文最终获得了2015年1月13日至3月31日28家企业的数据，其中，企业发布微博7 916条，用户转发1 467 073条，评论897 737条，用户原创2 834 731条，得到2 183个有效样本。表1为主要变量的描述性统计。可以看到，企业每日发布微博的平均数量为3.6，说明样本企业能积极运营微博账号。其中，4个行业中通信企业平均每天发布微博最多，为5.4条；服装纺织行业发布微博最少，为2.0条。而28家企业中，平均发布微博最多的是小米，其每天平均发布9.3条微博；平均发布微博最少的是格力，每天平均发布微博0.7条。对企业微博的转发平均每天为672条，其中小米微博每天平均转发量最大，为4 595.6条；用户对格力的微博转发量最少，为3.7条。用户原创UGC的平均值、最大值分别为1 298、18 731，说明微博平台上有大量包含品牌关键词的微博。其中，平均用户原创UGC最多的企业是小米，每天平均有7 231.8条，而探路者每天平均用户UGC最少，为10.5条。主要变量的相关系数如表2所示。从表2中我们可以看到，转发和评论的相关系数非常高，因此将转发与评论之和作为衡量企业微博相关UGC的指标。

表1 主要变量描述性统计

	变量	均值	标准差	最小值	最大值
MGC	企业发布微博数	3.6	3.3	0	31
	企业回复数	7.4	17.7	0	195
UGC	评论数	411.2	1 060.3	0	20 335
	转发数	672.0	1 948.8	0	55 235
	回复性评论数	22.6	60.6	0	703
	非回复性评论数	388.6	1 019.3	0	20 070
	认证用户转发数	57.7	162.4	0	2 133
	未认证用户转发数	614.4	1 858.8	0	53 923
	用户原创UGC数	1 298.5	2 392.3	1	18 731

续表

	变量	均值	标准差	最小值	最大值
控制变量	粉丝数	2 145 821.0	2 357 184.0	119 329	1.09×10^7
	认证机构发布数	32.1	50.0	0	704
	包含话题数	2.4	2.7	0	30
	网页链接数	0.1	0.4	0	8
	推荐奖励计划数	0.7	1.3	0	16

表 2 主要变量相关系数

变量	企业发布微博数	企业回复数	转发数	评论数	用户原创 UGC 数
企业发布微博数	1				
企业回复数	0.36	1			
转发数	0.35	0.40	1		
评论数	0.41	0.53	0.80	1	
用户原创 UGC 数	0.23	0.25	0.40	0.46	1

4.2 研究模型

在本文中，因变量企业微博相关 UGC 与用户原创 UGC 均为计数变量（非负整数），这两个变量的方差都比均值大，如表 1 所示。因此，本文采用负二项式回归模型。负二项式回归对因变量的条件期望取自然对数，对需要估计的参数进行指数变换，以评价和解释其对因变量的影响。

本文构建了三个模型以验证上述假设。为了验证假设 H1a 和 H1b，构建了模型 1。在研究 MGC 对企业微博相关 UGC 的影响时，选取 MGC 每日获得的评论数与转发数之和作为企业微博相关 UGC 数，自变量则选取企业发布微博的数量和回复微博的数量。同时考虑企业的个体效应（η_i）用以控制内生性问题。为了检验 MGC、企业微博相关 UGC 对用户原创 UGC 的影响（H2a、H2b、H3a），选取微博平台上用户发布的包含品牌关键词的微博数量作为因变量，构建了模型 2。模型 3 则是进一步将企业微博相关 UGC 根据特征进行分类，即认为评论的回复性和转发者的认证情况是影响用户原创 UGC 的主要因素（H3b 和 H3c）。

三个模型的变量含义如表 3 所示，其中，$i = 1, 2, \cdots, n$ 表示第 i 家企业微博，t 表示时间。模型的 $E(\text{fmUGC}_{it}|*)$ 表示在给定自变量值的条件下 fmUGC_{it} 的期望值。模型 2 和模型 3 的 $E(\text{originalUGC}_{it}|*)$ 的解释与此类似。

$$\log\left(E\left(\text{fmUGC}_{it}|*\right)\right) = \eta_i + \beta_1 \text{post}_{it} + \beta_2 \text{response}_{it} + \sum \beta \text{control}_{it} + \varepsilon_{it} \tag{1}$$

$$\log\left(E\left(\text{originalUGC}_{it}|*\right)\right) = \eta_i + \beta_1 \text{post}_{it} + \beta_2 \text{response}_{it} + \beta_3 \text{fmUGC}_{it} \\ + \sum \beta \text{control}_{it} + \varepsilon_{it} \tag{2}$$

$$\log\left(E\left(\text{originalUGC}_{it}|*\right)\right) = \eta_i + \beta_1 \text{post}_{it} + \beta_2 \text{response}_{it} + \beta_3 \text{rplyComment}_{it} \\ + \beta_4 \text{norplyComment}_{it} + \beta_5 \text{certRepost}_{it} \\ + \beta_6 \text{uncertRepost}_{it} + \sum \beta \text{control}_{it} + \varepsilon_{it} \tag{3}$$

表 3　变量及其含义

变量名		变量含义
MGC	企业发布微博数（$post_{it}$）	第 i 家企业微博在第 t 天发布的微博条数
	企业回复数（$response_{it}$）	第 i 家企业微博在第 t 天回复的微博条数
UGC	企业微博相关 UGC 数（$fmUGC_{it}$）	第 t 天第 i 家企业微博的转发和评论数之和
	回复性评论数（$replyComment_{it}$）	第 t 天第 i 家企业微博的回复性评论数量
	非回复性评论数（$noreplyComment_{it}$）	第 t 天第 i 家企业微博的非回复性评论数量
	认证用户转发数（$certRepost_{it}$）	第 t 天认证用户对第 i 家企业微博的转发数量
	未认证用户转发数（$uncertRepost_{it}$）	第 t 天未认证用户对第 i 家企业微博的转发数量
	用户原创 UGC 数（$originalUGC_{it}$）	第 t 天用户发布的包含第 i 家企业品牌的微博数量
控制变量	粉丝数（$fans_{it}$）	第 i 家企业微博在第 t 天粉丝数的自然对数
	认证机构发布数（$orgMention_{it}$）	第 i 家企业品牌在第 t 天被认证机构提到的数量
	包含话题数（$hashtag_{it}$）	第 i 家企业微博在第 t 天发布的包含话题的微博条数
	网页链接数（$link_{it}$）	第 i 家企业微博在第 t 天发布的包含网页链接的微博条数
	推荐奖励计划数（$lottery_{it}$）	第 i 家企业微博在第 t 天发布的包含转发抽奖的微博条数

5　数据分析

5.1　MGC 对企业微博相关 UGC 的影响

模型 1 系数检验结果如表 4 所示。对模型 1 自变量多重共线性的检验显示，最大的方差膨胀因子（variance inflation factor，VIF）值远低于 10，不存在多重共线性问题。企业发布微博数量的系数显著为正（$b=0.125$，$p<0.001$），这意味着企业每发布一条微博，就能增加 13.3%（$\exp(0.125)=1.133$）的企业微博相关 UGC，假设 H1a 得到了验证。企业微博能够为用户提供信息，特别是提供了可以交流、讨论的话题，促使用户发表评论和转发来表达自我、增加关注度。企业的回复对企业微博相关 UGC 产生显著的正面影响（$b=0.006$，$p<0.001$），企业每回复一条用户的评论，就能够增加 0.6% 的企业微博相关 UGC（$\exp(0.006)=1.006$），H1b 得到了验证。企业对用户的回复越多，其与用户的深度互动就越多，用户对企业微博品牌社区就越认同，从而增加用户对企业微博的评论和转发。

表 4　企业微博相关 UGC 影响因素检验结果

变量名		模型 1	
		b	$\exp(b)$
MGC	企业发布微博数	0.125***	1.133
	企业回复数	0.006***	1.006
控制变量	粉丝数	0.169***	1.184
	认证机构发布数	0.001*	1.001
	包含#话题数	−0.025	0.975
	网页链接数	0.029*	1.030
	推荐奖励计划数	0.184***	1.203
	对数似然函数值	−13 857.168	

***表示 $p<0.001$，**表示 $p<0.01$，*表示 $p<0.05$

注：b 为模型中的参数估计值，$\exp(b)$ 为自然对数 e 的 b 次方

控制变量中，粉丝数、认证机构发布数、链接数、推荐奖励计划数都能够显著地增加企业微博相关 UGC，这与以往文献一致。企业微博中包含的话题对转发和评论影响不显著，可能的原因是用户可以点击 "#话题#" 离开企业微博主页，进入话题讨论区进行浏览，造成企业微博主页浏览者的流失。

5.2 MGC 对用户原创 UGC 的影响

企业发布微博数量对用户原创 UGC 的影响见表 5 第二行。对模型 2 和模型 3 的自变量多重共线性的检验显示，最大的 VIF 值远低于 10，不存在多重共线性问题。企业发布微博数量的系数显著（模型 2：$b=0.029$，$p<0.01$；模型 3：$b=0.028$，$p<0.05$），假设 H2a 被验证。企业发布的微博中包含的产品信息、企业动态信息等让用户了解了与企业相关的知识，从而增加了品牌认知；当用户掌握了企业品牌、产品的基本情况后，他们就可能在微博主页上提到企业品牌，以帮助他人增进对品牌的了解；也可能会在个人微博主页主动发布包含品牌的内容以展现他的独特性。企业回复用户的数量对用户原创 UGC 的影响在模型 2 中显著（$p<0.001$），在模型 3 中加入其他变量后对用户原创 UGC 的影响变小，但是仍然在 5% 的水平上显著（$b=0.003$，$p<0.01$），假设 H2b 得到验证。企业回复用户使用户的个性化问题得到解答，这能够增加用户对企业的满意度，情感上的满足则会激发用户与他人分享品牌信息；用户从企业的回答中获得的额外信息也可能会让其在微博主页上发布与品牌相关的微博。

表 5 用户原创 UGC 影响因素检验结果

	变量名	模型 2		模型 3	
		b	$\exp(b)$	b	$\exp(b)$
MGC	企业发布微博数	0.029^{**}	1.029	0.028^{*}	1.028
	企业回复数	0.004^{***}	1.004	0.003^{**}	1.003
UGC	企业微博相关 UGC	$1.9 \times 10^{-5***}$	1.000		
	回复性评论数			0.001^{**}	1.001
	非回复性评论数			6.0×10^{-6}	1.000
	认证用户转发数			0.001^{***}	1.001
	未认证用户转发数			1.5×10^{-6}	1.000
控制变量	粉丝数	-0.223^{***}	0.800	-0.232^{***}	0.793
	认证机构发布数	0.005^{***}	1.005	0.005^{***}	1.005
	包含话题数	-0.019	0.981	-0.013	0.981
	网页链接数	-0.047^{**}	0.954	-0.052^{**}	0.950
	推荐奖励计划数	0.055	1.057	0.030	1.030
	对数似然函数值	$-15\,048.485$		$-15\,032.683$	

***表示 $p<0.001$，**表示 $p<0.01$，*表示 $p<0.05$

注：b 为模型中的参数估计值，$\exp(b)$ 为自然对数 e 的 b 次方

5.3 企业微博相关 UGC 对用户原创 UGC 的影响

企业微博相关 UGC 对用户原创 UGC 的影响如表 5 中模型 2 所示。企业微博相关 UGC 能够显著地增加用户原创 UGC（$b=0.000\,019$，$p<0.001$），假设 H3a 得到了验证。一方面，用户通过转发、评论企业微博加强了自己对企业的了解和品牌认知，从而增加了其传播企业口碑的意愿；另一方面，用户的转发和评论能将企业品牌传播给更多人，使更多的用户知晓了该品牌，增加了整个平台用户对品牌的认知，从而有更多的用户愿意发布与品牌相关的内容。

模型 3 估计结果显示，回复性评论数量能够正向显著影响用户原创 UGC（$p<0.01$），而非回复性评

论数量对用户原创 UGC 的影响并不显著，假设 H3b 得到了验证。对此结果的可能解释如下：回复性评论越多，说明关于这条微博的讨论就越多、越热烈，一方面使用户获得了更多反馈，另一方面这种评论更具有针对性，相对非回复性而言，对他人的影响更直接、更有效，因而能够引发他人讨论、提到品牌。

由模型 3 的估计结果可知，认证用户的转发数对用户原创 UGC 的影响显著（$b=0.001$，$p<0.001$），而非认证用户的转发对原创 UGC 没有显著的影响，假设 H3c 得到了验证。这说明认证用户的转发对其他用户而言更具有可信度，认证用户转发的内容更能深刻影响他人对企业品牌的认知，从而增加用户原创 UGC。

控制变量中，认证机构发布的企业品牌信息对用户原创 UGC 的影响是显著的，符合预期。其他控制变量对用户原创 UGC 的影响与对转发的影响作用不同。粉丝数量越多，用户原创 UGC 越少，这可能是因为用户原创 UGC 并非由企业微博的粉丝发布。网页链接对用户原创 UGC 的影响显著为负，可能的解释是网页链接越多，用户看到该微博后点击链接被引导到微博平台以外的网页，以致微博平台用户流失，无法继续产生原创 UGC。包含话题的企业微博和推荐奖励计划微博数量主要增加了企业微博相关 UGC，而对用户原创 UGC 没有直接影响。

6　结论

6.1　理论贡献

企业如何利用社会化媒体促进在线用户口碑，即用户生成内容是学术界关注的热点问题，然而这方面的研究成果非常有限。本文基于 Dichter 口碑产生动因理论和使用满足理论，从品牌社区的角度研究企业微博生成内容（MGC）对在线用户生成内容的影响机制，并采用实证研究方法检验了该机制，具体的创新点体现在以下几个方面。

第一，针对微博平台上用户产生与企业品牌相关信息的方式不同，本文提出微博上的 UGC 分为两类：一类是用户针对企业发布的微博产生的转发和评论，称为企业微博相关 UGC；另一类是用户在其个人微博主页上主动发布与品牌相关的微博，称为用户原创 UGC。这种分类有利于研究 MGC 对二者影响机制的差异以及二者之间的联系。

第二，本文基于 Dichter 口碑产生动因的理论框架对 MGC 直接影响用户原创 UGC 的机制进行了分析，拓展了用户原创 UGC 的相关研究。已有文献只研究了用户原创 UGC 对企业绩效的作用[4~6]，并没有研究用户原创 UGC 的生成机制。

第三，本文发现 MGC 对两种类型的 UGC 的影响机制不同，并且两种类型 UGC 存在影响关系。从品牌社区的视角，基于使用满足理论和微博信息传播特点，本文发现 MGC 会影响企业微博相关 UGC。基于 Dichter 口碑产生动因理论，本文发现 MGC 和企业微博相关 UGC 均能影响用户原创 UGC。这也说明企业微博相关 UGC 能部分中介 MGC 对用户原创 UGC 的影响。

第四，本文深入分析了不同的企业微博相关 UGC 对用户原创 UGC 的影响。研究发现，回复性评论和认证用户的转发能够显著地增加用户原创 UGC，而非回复性评论和非认证用户并没有显著的影响。

第五，本文发现企业回复对 UGC 具有重要的影响。已有文献只分析了企业发布微博数量对转发和评论的影响[3, 7, 8, 25]，没有阐述企业与用户的深度互动的作用。互动是用户使用社会化媒体的主要动机[34]，也是企业开展客户服务的重要方式。基于使用满足理论，本文认为企业的回复是一种与用户深度互动的方式，能够通过增加用户对品牌的信任和忠诚、提升用户对企业的满意度，增加企业微博相关 UGC 和用户原创 UGC。

6.2 管理启示

第一，企业应该保证一定的微博发布频率，以吸引用户注意。企业在发布微博时，可以为用户创造更多可供讨论的话题来增加用户转发和评论。例如，通过提供优惠券、促销等激励用户回答问题："小米手机上的小孔，从上到下依次是：____？全答对有福利，请给我爱你们的机会！"企业还可以发布需要用户做出选择和判断的微博，如决定新产品的颜色、名称等，以增加用户的转发和评论。

第二，企业应该多与评论企业微博的用户进行互动，提高他们的满意度。同时，企业在回复用户的评论时，可以尽量创造面对面谈话的临场感，如使用口语化的词语或者流行词；企业还应该引导用户对话题继续深入探讨，如用户评论"这个新品没啥亮点"，企业回复"你觉得为什么呢？你有什么好点子？"，以吸引用户对 MGC 的进一步关注与讨论。

第三，企业与用户沟通交流时应包含更多的产品、活动信息，以提高用户品牌认知，增加用户主动生成原创 UGC。例如，在发布微博时，企业可以在微博内容中添加关于产品的小故事、品牌历史等，一方面可以引发用户回忆起使用产品的经历，与更多的人分享品牌感受；另一方面也可以使用户对企业品牌有更深层次的了解，提升用户的品牌认同，从而发布与品牌相关的内容。同时，企业应尽可能详尽地回答用户的问题，也可以在回复中向用户推荐最新产品或者描述活动细节，从而让用户获取更多有价值的信息。

第四，企业应该意识到用户转发和评论的重要性，加强对转发和评论的监控，吸引意见领袖或大"V"用户成为其微博的活跃粉丝。用户对企业微博的转发和评论本身是一种用户口碑，不仅能够帮助企业进行信息扩散，还能够进一步增加用户原创 UGC。

第五，由于认证用户的转发对用户原创 UGC 的影响比非认证用户大，企业应该重点关注认证用户的行为。本文的研究显示，认证用户对企业微博的转发越多，用户原创 UGC 越多。这说明认证用户对于企业非常重要。企业在资源有限的情况下可以优先与认证用户互动，如为认证用户的转发点赞、积极回复认证用户的评论等。

第六，企业应该主动引导粉丝之间进行互动，以促进用户对企业微博的深入讨论。为此，企业可以发布具备讨论性的内容和活动，如故事接龙等。

6.3 不足之处和未来研究方向

本文的研究存在一定的局限性。第一，本文只从数量角度研究了 MGC 对 UGC 的影响，今后可以对 MGC 进行分类，考虑不同类型 MGC 对转发评论数量的影响及对用户原创 UGC 的情感影响。第二，不同行业、企业存在差异，他们对 UGC 的影响可能不同，本文没有分行业进行研究。第三，信息传播产生的影响会存在一定的滞后性，本文没有考虑时间滞后的影响。

参 考 文 献

[1] Weibo Corporation. Weibo reports second quarter 2015 results[EB/OL]. http://ir.weibo.com/phoenix.zhtml? c=253076&p= irol-newsArticle&ID=2080444，2015-08-18.

[2] 新浪微博，CIC. 2012 企业微博白皮书[R]. 2012.

[3] Malhotra A，Malhotra C K，See A. How to get your messages retweeted[J]. MIT Sloan Management Review，2012，53

（2）：61-66.

[4]　Rui H，Liu Y，Whinston A. Whose and what chatter matters？The effect of tweets on movie sales[J]. Decision Support Systems，2013，55（4）：863-870.

[5]　Hennig-Thurau T，Wiertz C，Feldhaus F. Does Twitter matter？The impact of microblogging word of mouth on consumers' adoption of new movies[J]. Journal of the Academy of Marketing Science，2014，43（3）：375-394.

[6]　Sprenger T O，Tumasjan A，Sandner P G，et al. Tweets and trades：the information content of stock microblogs[J]. European Financial Management，2014，20（5）：926-957.

[7]　严威，黄京华，刘丹迪. 从 MGC 到 UGC——内容在企业微博中的转发作用[J]. 信息系统学报，2014，（13）：33-46.

[8]　张晶，黄京华，黎波，等. 新浪企业微博口碑传播实证研究[J]. 清华大学学报（自然科学版），2014，54（5）：649-654.

[9]　Dellarocas C，Gao G，Narayan R. Are consumers more likely to contribute online reviews for hit or niche products？[J]. Journal of Management Information Systems，2010，27（2）：127-158.

[10]　Hennig-Thurau T，Gwinner K P，Walsh G，et al. Electronic word-of-mouth via consumer-opinion platforms：what motivates consumers to articulate themselves on the Internet？[J]. Journal of Interactive Marketing，2004，18（1）：38-52.

[11]　Lovett M J，Peres R，Shachar R. On brands and word of mouth[J]. Journal of Marketing Research，2013，50（4）：427-444.

[12]　Ding Y，Phang C W，Lu X，et al. The role of marketer-and user-generated content in sustaining the growth of a social media brand community[C]. Proceedings of the 47th Hawaii International Conference on System Sciences，2014：1785-1792.

[13]　de Matos C A，Rossi C A V. Word-of-mouth communications in marketing：a meta-analytic review of the antecedents and moderators[J]. Journal of the Academy of Marketing Science，2008，36（4）：578-596.

[14]　Berger J，Milkman K L. What makes online content viral？[J]. Journal of Marketing Research，2012，49（2）：192-205.

[15]　Ho J Y C，Dempsey M. Viral marketing：motivations to forward online content[J]. Journal of Business Research，2010，63（9-10）：1000-1006.

[16]　Suh B，Hong L，Pirolli P，et al. Want to be retweeted？Large scale analytics on factors impacting retweet in Twitter network[C]. Proceedings of the 2010 IEEE Second International Conference on Social Computing，2010：177-184.

[17]　Boyd D，Golder S，Lotan G. Tweet，tweet，retweet：conversational aspects of retweeting on Twitter[C]. Proceedings of the 2010 43rd Hawaii International Conference on System Sciences，2010：1-10.

[18]　Stieglitz S，Dang-Xuan L. Emotions and information diffusion in social media-sentiment of microblogs and sharing behavior[J]. Journal of Management Information Systems，2013，29（4）：217-248.

[19]　张旸，路荣，杨青. 微博客中转发行为的预测研究[J]. 中文信息学报，2012，26（4）：109-114.

[20]　Peng H，Zhu J，Piao D，et al. Retweet modeling using conditional random fields[C]. Proceedings of the 11th IEEE International Conference on Data Mining Workshops，2011：336-343.

[21]　Shi Z，Rui H，Whinston A B. Content sharing in a social broadcasting environment：evidence from Twitter[J]. MIS Quarterly，2014，38（1）：123-142.

[22]　Pervin N，Takeda H，Toriumi F. Factors affecting retweetability：an event-centric analysis on Twitter[C]. Proceedings of the 2014 International Conference on Information Systems，2014.

[23]　Petrovic S，Osborne M，Lavrenko V. RT to win！Predicting message propagation in Twitter[C]. Proceedings of the Fifth International AAAI Conference on Weblogs and Social Media，2011.

[24]　Ha S，Ahn J H. Why are you sharing others' tweets：the impact of argument quality and source credibility on information sharing behavior[C]. Proceedings of the 2011 International Conference on Information Systems，2011.

[25]　闫幸，常亚平. 企业微博互动策略对消费者品牌关系的影响——基于新浪微博的扎根分析[J]. 营销科学学报，2013，9（1）：62-78.

[26]　Hsu C L，Liu C C，Lee Y D. Effect of commitment and trust towards micro-blogs on consumer behavioral intention：a relationship marketing perspective[J]. International Journal of Electronic Business Management，2010，8（4）：292-303.

[27]　Kwon E S，Kim E，Sung Y，et al. Brand followers[J]. International Journal of Advertising：The Review of Marketing Communications，2014，33（4）：657-680.

[28]　徐健，汪旭晖，李馨. 企业微博价值维度及其对品牌忠诚的影响机制研究[J]. 营销科学学报，2012，8（3）：107-119.

[29]　Amaldoss W，He C. Direct-to-consumer advertising of prescription drugs：a strategic analysis[J]. Marketing Science，

2009，28（3）：472-487.

[30] Smith A N，Fischer E，Chen Y. How does brand-related user-generated content differ across YouTube，Facebook，and Twitter? [J]. Journal of Interactive Marketing，2012，26（2）：102-113.

[31] Miller A R，Tucker C. Active social media management：the case of health care[J]. Information Systems Research，2013，24（1）：52-70.

[32] Chung S，Animesh A，Han K，et al. Firms' social media efforts，consumer behavior，and firm performance[C]. Proceedings of the 2014 International Conference on Information Systems，2014.

[33] de Vries L，Gensler S，Leeflang P S H. Popularity of brand posts on brand fan pages：an investigation of the effects of social media marketing[J]. Journal of Interactive Marketing，2012，26（2）：83-91.

[34] Jahn B，Kunz W. How to transform consumers into fans of your brand[J]. Journal of Service Management，2012，23（3）：344-361.

[35] Katz E. Mass communications research and the study of popular culture：an editorial note on a possible future for this journal[J]. Studies in Public Communication，1959，（2）：1-6.

[36] Goh K Y，Heng C S，Lin Z J. Social media brand community and consumer behavior：quantifying the relative impact of user- and marketer-generated content[J]. Information Systems Research，2013，24（1）：88-107.

[37] Rishika R，Kumar A，Janakiraman R，et al. The effect of customers' social media participation on customer visit frequency and profitability：an empirical investigation[J]. Information Systems Research，2012，24（1）：108-127.

[38] McAlexander J H，Schouten J W，Koenig H F. Building brand community[J]. Journal of Marketing A Quarterly Publication of the American Marketing Association，2002，66（1）：38-54.

[39] Algesheimer R，Herrmann A. The social influence of brand community：evidence from European car clubs[J]. Journal of Marketing，2005，69（3）：19-34.

[40] Quester P，Ai L L. Product involvement/brand loyalty：is there a link? [J]. Journal of Product & Brand Management，2003，12（1）：22-38.

[41] Kim J W，Choi J，Qualls W，et al. It takes a marketplace community to raise brand commitment：the role of online communities[J]. Journal of Marketing Management，2008，24（3）：409-431.

[42] Adjei M T，Noble S M，Noble C H. The influence of C2C communications in online brand communities on customer purchase behavior[J]. Journal of the Academy of Marketing Science，2010，38（5）：634-653.

[43] Chaiken S. Heuristic versus systematic information processing and the use of source versus message cues in persuasion[J]. Journal of Personality & Social Psychology，1980，39（5）：752-766.

[44] Forman C，Ghose A，Wiesenfeld B. Examining the relationship between reviews and sales：the role of reviewer identity disclosure in electronic markets[J]. Social Science Electronic Publishing，2008，19（3）：291-313.

[45] Katz E，Lazarsfeld P F. Personal influence[M]. Glencoe：The Free Press，1955.

The Influence of Marketer-Generated Content on User-Generated Content
—Empirical Study from Enterprise Microblogging on Weibo.com in Sina

LV Zhepeng，HUANG Jinghua，JIN Yue

（School of Economics and Management，Tsinghua University，Beijing 100084，China）

Abstract Nowadays，social media such as microblogging becomes more and more popular，and a great amount of user-generated content（UGC）emerges at the same time. Because UGC can bring about many benefits for enterprises，how they use social media to increase UGC is concerned by both academia and industry. However，research on this issue remains relatively limited. In this study，we explore the mechanism of effect of marketer-generated content（MGC）influencing UGC in the view of brand communities，based on Dichter's framework of WOM communication motives and usage and gratifications theory. We collected a data set of 7 916 enterprise microblogs and 2 364 810 comments and retweets from 28 companies，and also

2 834 731 brand-related microblogs from users on Weibo.com. The results of analyzing this data set with negative binomial regression model show that enterprises' postings and replies can not only promote users commenting on and retweeting enterprise microblogs，but also have a positive effect on generating original UGC. Furthermore，users comments and retweets，especially replies to comments and retweets from verified users can increase original UGC. This study has practical implications for enterprises.

Key words　Enterprise microblogging，WOM，Marketer-generated content，User-generated content

作者简介

吕喆朋（1991— ），女，清华大学经济管理学院博士研究生，研究方向：电子商务和社会化媒体等。E-mail：lvzhp.09@sem.tsinghua.edu.cn。

黄京华（1963— ），女，清华大学经济管理学院教授，研究方向：电子商务和信息系统等。E-mail：huangjh@sem.tsinghua.edu.cn。

金悦（1992— ），女，清华大学经济管理学院博士研究生，研究方向：消费者行为和社会化媒体等。E-mail：jiny.09@sem.tsinghua.edu.cn。

信息系统学报
第 17 辑: 71-81

China Journal of Information Systems
71-81

面向用户学习的产品知识地图构建研究*

杨春姬，陈智高，马玲

（华东理工大学 商学院，上海 200237）

摘 要 企业通过在线平台向用户提供产品知识、帮助其了解产品知识和解决使用问题是提高客户满意度的重要手段。在传统的知识地图构建方法基础上，如何合理表示和组织产品的知识单元，是知识系统能够有效应对特定用户知识学习需求的关键。本文从用户学习需求出发，采用产品概念设计的 FBS 方法对产品知识进行分类，利用 Web 本体语言对产品知识结构进行分层表达，探究产品知识地图的构建方法。最后，以数码相机为例构建示例系统阐述方法的应用，并通过用户实验评价构建的知识地图，检验该构建方法的可行性。

关键词 知识地图，用户学习，产品知识，FBS

中图分类号 C931.6

1 引言

企业借助在线平台，为用户提供产品知识学习辅助，可以使其了解产品，帮助提高潜在购买意向并做出高质量的购买决策[1]。然而，当产品消费发展到一定水平之后，用户对产品售后服务自然就会有更高的要求。在一些复杂的高科技产品使用过程中，用户希望能够便捷有效地获得并学习相关产品知识，这是企业应该关注的一类用户新需求。互联网的出现为企业提供了一个方便的平台，企业可以通过在线方式了解用户的知识学习需求，实时地为用户提供个性化的产品知识及其学习新途径，进而提高售后服务质量和用户满意度。

在线售后服务中的用户实时学习属于一类在线学习问题。目前的在线学习研究主要面向教育领域，面向企业用户的研究很少受到关注[2]。但不同于教育中的在线学习用户，产品用户更加关注产品问题解决的实时性和有效性。利用知识管理理论和现代信息技术实现用户在线学习，是企业提高售后服务水平的现实需求，也是在线学习研究的一个重要拓展方向。

在线学习中，利用概念图或者知识地图可以帮助提高用户学习效率，快速识别并定位到关键概念及关联[3]。本文参照在线学习模式，探索面向企业用户学习产品知识的新途径，具体研究知识的组织与表示方法——产品知识地图的构建方法。用户学习的产品知识与产品设计过程中产生的知识密切相关。产品设计知识可以用于表示企业中大量且复杂的产品知识[4]，重用产品设计知识可以帮助指导用户知识浏览等行为[5]。虽然产品设计知识可以为用户学习提供可用的资源，但很少有研究将产品设计方法应用于产品售后服务的知识组织。因此，本文将结合产品设计方法的知识组织与知识表示，重用产品设计中产生的产品知识，采用产品概念设计的 FBS（function-behavior-structure，即功能–行为–结构）方法对产品知识进行分类组织，提出能够依据用户的不同学习需求构建个性化的产品知识地图的方法。在此基础上，本文将以数码相机相关知识为例，构建一个示例系统，阐述该方法的应用。最后，通过

---
* 基金项目：国家自然科学基金项目（71001037）、中央高校基本科研业务费专项资金项目。
 通信作者：马玲，华东理工大学商学院，副教授，E-mail：maling@ecust.edu.cn。

用户实验评价来检验产品知识地图的有效性，从而检验产品知识地图构建方法的可行性。

2　相关研究

2.1　知识地图

在网络环境中，信息资源丰富而繁杂，在线学习对实时性和有效性提出了更高的要求，用户需要通过表格或者索引来识别所需的学习资源，这时基于文本并按照顺序的学习模式就不适用了。用户在产品使用过程中遇到有关产品功能、性能和操作等方面的问题时，希望能够在繁多的网上信息资源中快捷地找到相关的产品知识，通过自主学习来解决问题。知识地图是有序组织与展示一类相关知识单元的有效工具，已在很多领域得到了成功的应用，对于用户学习的产品知识组织与展示同样适用。

基于不同理论的知识地图构建方法各不相同，但有可供参考的一般性指导方法。Kim 等[6]把知识地图的构建具体化为六个步骤，即知识的定义（knowledge definition）、流程图分析（process map analysis）、知识提取（knowledge extraction）、知识描述（knowledge profiling）、知识链接（knowledge linking）和知识地图评价（knowledge map validation）。对于知识量大、知识关联复杂的知识库来说，主要依据分类思想来构建知识地图。潘星等[7]基于概念聚类算法构建知识地图，首先将知识地图表示为知识、属性、关系三元组，然后按照知识的属性对知识节点进行排序，形成聚类知识地图。蒋翠清等[8]基于分类思想提出了层次分类的知识地图构建方法，构建了层次分类树，提高了分类精度。Zouaq 和 Nkambou[9]在其研究中从概念图中获得领域本体，使在线学习资源适合于学习者需要。Hao 等[10]提出以领域知识浏览为目的的知识地图构建方法，该研究以识别的重要知识为导航的知识起点，并在相似性矩阵基础上将知识划分到多个领域中，从而为知识用户提供高效的导航。已有研究表明，应用分类思想构建知识地图可以帮助梳理知识结构，提高知识导航效果。

本文以产品使用中面临问题的用户的学习为导向，构建基于主题分类的产品知识地图，为用户学习提供结构清晰的知识导航。

2.2　产品概念设计的 FBS 方法

产品概念设计是产品设计的一个重要环节，主要描述从用户需求到最终形成概念产品的过程[11]。产品概念设计的方法总体可以分为三类，即参照产品标准的设计模型、基于产品设计策略的设计模型、采用人工智能的设计模型[12]。其中，基于产品设计策略的设计模型的设计过程可以看做一个决策支持过程，Gero[13]提出的 FBS 方法即属于这一类方法。FBS 方法将概念设计过程划分为功能建模、行为建模和概念结构建模三个阶段。其中，产品的功能（function）为概念产品所满足的目的或需求；行为（behavior）是指概念产品为实现功能而施加于特定结构的操作；结构（structure）是指概念产品的材料、部件及其相互关系[14, 15]。FBS 通过功能—行为转换、行为—结构映射、结构—功能分解三个步骤建模。依据功能-行为-结构的层级关系，从产品的总功能开始，由功能映射其实现的行为，再由行为映射功能的载体或行为的对象（即结构），如此持续，完成产品概念设计过程。Umeda 等[16]在 Gero 研究的基础上提出行为在作用于结构的同时也会造成状态的改变，因此将"结构"以及"状态"统称为"状态"，提出了一个 FBS（function-behavior- state，即功能-行为-状态）的知识表示模型。实际上，无论是结构还是状态，FBS 所表示的概念设计方法及相应的知识表示方法可以为产品知识的分类表示提供理论基础。本文以 Gero 的研究为基准，用"S"代表"结构"。

图 1 描述了基于 FBS 的产品分解模型。该模型中不仅包括一个功能-行为-结构层次，还可能有多

个子层[17]。

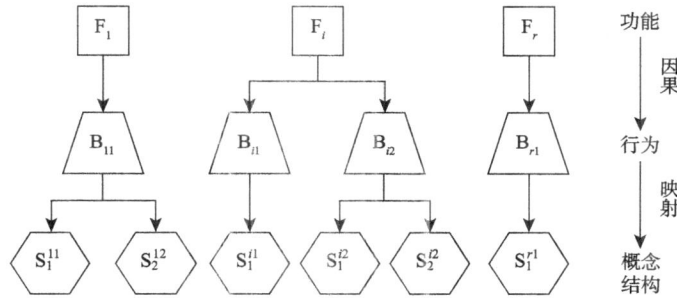

图 1　基于 FBS 的产品分解模型[17]

FBS 方法已经成为一种较为成熟的策略设计型产品概念设计方法以及产品知识表示模型[18]。由于售后服务中用户的学习过程具有阶段性特点，因此本文考虑从策略设计模型角度将 FBS 方法应用于产品知识的分类，构建售后服务中的产品知识地图。

3　面向用户学习的知识地图构建方法

3.1　方法思路

本文面向用户的产品知识学习，重用产品设计知识，提出一种依据用户不同学习需求构建产品知识地图的方法。

首先，参考知识的主题分类思想，采用 FBS 方法对产品设计知识进行分类。其次，在此基础上，为用户不同的知识学习需求匹配相应的产品知识类别，根据产品知识类别划分知识结构层次，构建用于学习导航的产品知识地图。最后，为用户提供可视化的知识地图，展现产品知识并实现学习导航。

按上述思路，产品知识分类完成后，面向用户学习的知识地图构建由三个步骤实现，即学习需求匹配、知识分层关联、知识地图展现，构建过程如图 2 所示。

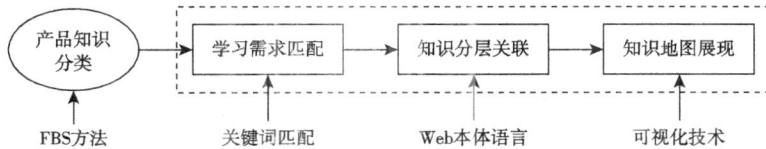

图 2　面向用户学习的知识地图构建过程

3.2　产品知识分类

知识分类是知识地图构建的前提。首先要对产品知识进行分类，梳理知识结构，建立完整的知识体系。在此基础上，构建面向用户学习的产品知识地图。

根据不同的标准，产品知识可以划分成不同的类别。FBS 方法可以作为一种分层的知识表示模型，超越其原有的概念设计领域，用于表示一些过程、任务及相互联系[19]。在产品售后服务中，用户的知识学习过程具有策略设计型产品概念设计的阶段性特点，源于用户学习需求，并与产品功能、使用行为及产品构件等因素密切相关。因此，本文采用产品概念设计的 FBS 方法对产品知识进行分类。

根据 Gero 的 FBS 方法，功能是指设计的意图，行为是指结构帮助实现功能方法，结构是指完成产品设计的组件及其相互关系。具体来说，FBS 方法通过需求转化、功能及结构映射、核查、再转化等步骤实现划分。在这一划分过程中产生了产品功能知识、产品行为知识及产品结构知识三大类知识。对产品知识加标签以表示其类别属性，则构成三层次的产品知识结构。大类下设知识小类，这需要依具体的产品做专门的划分。如此，完成产品知识的分类。

3.3　构建步骤

1）学习需求匹配

根据 Gero 的 FBS 模型，设计一个产品包括一系列基本步骤，第一步是期望功能到期望行为的"转变"，第二步是期望行为到结构的"转变"。经过对结构的实际行为进行分析，确定形成设计产物的最终结构。Gero 的 FBS 模型认为功能和结构的唯一可能连接是通过行为表达的，没有包括需求阶段。Christophe 等[20]对 FBS 模型进行了改进，提出 RFBS 模型，即"需求-功能-行为-结构"，从产品需求出发，完成概念设计。

知识地图的构建始于用户学习需求。本文从用户需求出发，依据问题（需求）逐步完成知识学习。用户学习需求与产品知识的匹配非常复杂，颇具难度，本文主要研究导航的知识地图构建方法，暂仅考虑关键词表达的用户学习需求。一个关键词可能匹配到不同类别的多个知识节点。例如，"电池"可能匹配到功能类的知识节点，也可能匹配到结构类的知识节点。为保证匹配知识集合的完整性，在"功能-行为-结构"知识体系中从下往上地搜索，以最底层知识节点为起始的匹配知识。在这一过程中，并不强迫用户进行完整的学习，用户可根据需要选择是否进行完整的映射，即知识集合可以扩展或收缩。学习需求的匹配过程是实时的，即用户在学习过程中不断地产生学习需求，从而输出不同的关键字，匹配出相应的知识。

2）知识分层关联

知识的关联分析是知识地图构建的关键环节。实际上，功能知识、行为知识和结构知识不是并列的，类别间具有前后序列关系。功能与行为之间存在因果关系，行为与结构之间存在映射关系。因此，需要根据不同的知识需求判断不同的知识结构层次。若用户学习的是功能知识，则按照 FBS 模型以功能为起点进行分解和映射，形成 F-B-S 知识结构。若用户要学习的是行为知识，则判断可以实现什么功能，以行为为起点，然后再遵循 FBS 的分解和映射，形成 B-F-B-S 知识结构。若用户要学习的是结构知识，则判断该结构是什么行为的结果，然后再遵循 FBS 的分解和映射，形成 S-B-F-B-S 结构。

本文将产品知识表示为节点、关联、属性三元组。每个产品知识表示成一个"节点"v，节点的集合 $V = \{v_1, v_2, \cdots, v_n\}$。知识节点间的关联可以表示成连接节点的"边"$e$，边的集合 $E = \{e_1, e_2, \cdots, e_n\}$。属性是指产品知识的类别属性，属性集合 $C = \{c_{ij} | c_{ij} \in \{F_{ij}, B_{ij}, S_{ij}\}\}$。为了清楚地表达知识层次间和层次内的知识关联，采用 Web 本体语言（web ontology language，OWL）对产品的知识及关联属性进行表达，以使知识结构规范化。功能层、行为层、结构层的 OWL 表示将在 3.4 节具体阐述。

3）知识地图展现

根据用户提出的知识学习需求和上一步骤的知识分层关联结果，利用可视化技术和工具，生成知识地图，以相应的知识结构直观地展现出来，从而提供给用户。Protégé 是由斯坦福大学开发的本体建模软件，支持 OWL 等多种语言，具有一致性检查、可视化、查询和推理等一系列功能。本文采用 Protégé 软件对知识地图进行可视化表示。面向用户学习的知识地图是一种有向图，依据用户学习需求的知识所属类别，知识地图展示的知识结构有 F-B-S、B-F-B-S、S-B-F-B-S 三种。

3.4　OWL 层次描述

OWL 是 W3C 开发的一种定义和实例化本体的语言，可以提供一种明确描述资源的统一的、结构化的、规范化的模型和机制，具有表达能力强、通用性和兼容性好的优点。利用 OWL 对产品知识进行表达可以帮助探究知识的类别、关联关系、属性并存储产品知识结构[21]。

下面对产品知识三元组（即节点、关联、属性）进行表达。节点的表达主要包括建立类（class）或实例（individual）以及定义节点的知识内容（annovation）。关联的表达主要通过类关联（sub class of）及对象属性关联（object property）来表达。属性主要指知识类别属性，首先对对象属性进行定义，然后在相应类中的 Key 中定义其功能/行为/结构属性。以下用 OWL 分别对知识地图的主要层次进行表达。

1）功能层的 OWL 表示

```
<owl：Class rdf：ID="F">
</owl：Class>
<owl：Class rdf：ID="F1">
    <rdfs：subClassOf rdf：resource="#F"/>
</owl：Class>
<owl：Class rdf：ID="F2">
    <rdfs：subClassOf rdf：resource="#F"/>           *用 Key 来表示节点的类别属性
    <HasKey>
        <Class IRI="#F1"/>
        <ObjectProperty IRI="#功能"/>
    </HasKey>
</owl：Class>
<AnnotationProperty abbreviatedIRI="rdfs：comment"/> *用 Annotation 定义节点内容
    <IRI>#F1</IRI>
    <Literal datatypeIRI="&rdf；PlainLiteral">
    知识内容
    </Literal>
</AnnotationAssertion>
……
```

2）行为层的 OWL 表示

```
<owl：Class rdf：ID="B">
</owl：Class>
<owl：Class rdf：ID="BF">      *BF 代表功能层行为，即紧邻功能的行为层
    <rdfs：subClassOf rdf：resource="#B"/>
</owl：Class>
<owl：Class rdf：ID="BS">      *BS 代表结构层行为，即紧邻结构的行为层
    <rdfs：subClassOf rdf：resource="#BF"/>
</owl：Class>
<owl：ObjectProperty rdf：ID="B1">
    <rdfs：domain rdf：resource="# BF "/>
    <rdfs：range rdf：resource="# BS"/>
</owl：ObjectProperty>
<owl：ObjectProperty rdf：ID="B2">
```

```
    <rdfs：domain rdf：resource="# B1"/>
    <rdfs：range rdf：resource="#S"/>
</owl：ObjectProperty>
......
3）结构层的 OWL 表示
<owl：Class rdf：ID="S">
</owl：Class>
<S1 rdf：ID="S"/>
<S2 rdf：ID="S"/>
......
```

4　方法应用示例

4.1　构建示例系统

本文以日益普及的数码相机为例，构建一个面向用户学习数码相机相关知识的示例系统，并展示上文所提方法的应用过程。

1）建立知识体系

在参考多种数码相机原理、使用和维修等知识的书籍，以及产品说明书等资料的基础上，梳理出数码相机的知识，按 FBS 方法将这些知识划分为功能知识、行为知识和结构知识三大类，大类之下再细分出数量不等的知识小类。

功能知识的表示形式通常为动名词，行为知识的表示形式与功能一样，也是动名词。不同的是，功能是对意图的描述，表明的是产品的用途或者作用，而行为往往是一种状态的改变。结构知识的表示形式一般是名词。本文采用 FBS 方法划分出依次关联的功能、行为、结构三要素，通过转化和映射，将用户需求导出可以操作实现的产品结构。第一，需求分析。梳理用户使用相机的需求，转化为相应功能，如取景需求——取景功能。第二，功能及结构映射。根据功能，寻找实现需求的行为及结构，如调焦、镜头等。从结构描述中寻找实施于结构的行为，如摄影镜头——调整镜距及核查孔径。第三，核查。比较行为和功能，明确功能是否能够得到实现，如调整镜距——调焦，调整镜距——调整景深——指示取景。第四，再转化。选择新的结构/功能/需求，重复完善知识结构。如此，将取景知识具体划分为三大类，即功能类知识：取景、调焦、显示信息、配置曝光等；行为类知识：观察取景效果、调整景深、调整视差、调整镜距物距、核查孔径等；结构类知识：取景器、镜头、光圈、快门等。取景的相关知识结构如图 3 所示。

2）构建示例系统

采用 Protégé 软件（http：//protege.stanford.edu/）构建示例系统，结合搜索和浏览，构建高质量的知识地图并提供直观便捷的可视化导航。首先，在软件的类别、属性等菜单中新建知识节点并设置知识关联以及知识类别属性，采用三元组（节点、关联、属性）来表示并存储产品知识。其次，利用软件的 Ontograf 插件展现系统界面。系统主要包括输入处理模块、导航模块和内容学习模块。系统的用户界面见图 4。界面上方设置学习需求输入框，根据需求关键词匹配相应的知识地图。界面下方为导航区，用于展示知识地图、提供学习导航，用户可以改变地图布局形式，导出知识地图。内容学习区安排于界面右边，描述知识节点具体知识内容，用户可以通过单击地图中的知识节点来查看和学习具体知识内容。

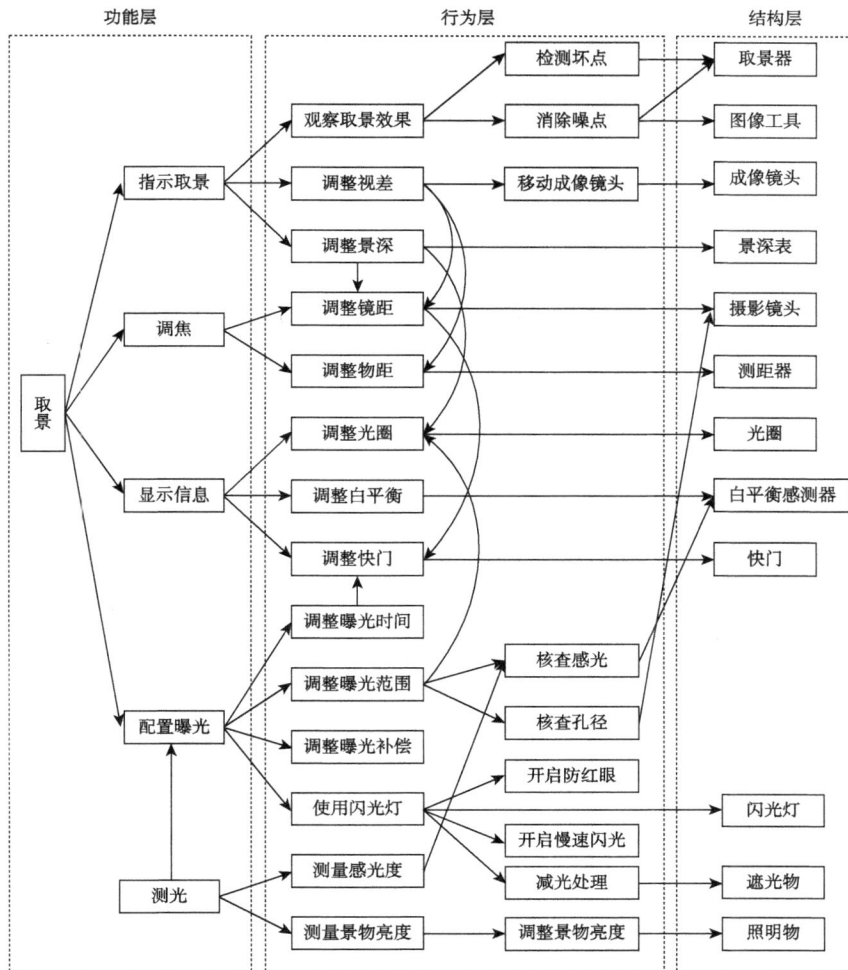

图 3 数码相机中取景的 FBS 知识结构

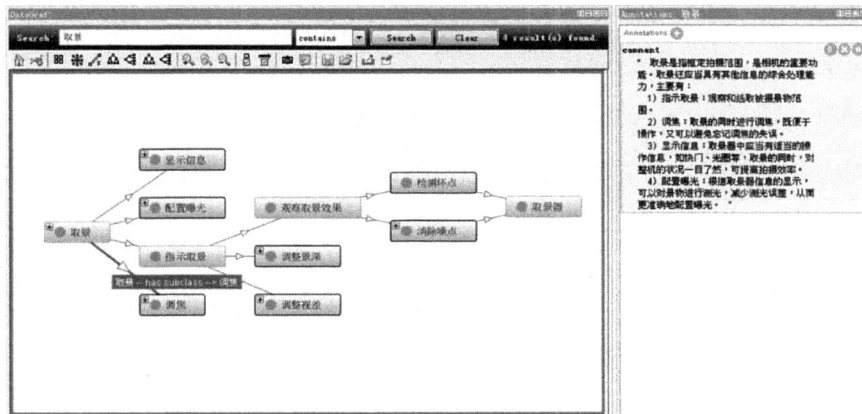

图 4 示例系统用户界面

4.2 构建知识地图

1）学习需求匹配

设用户需要学习数码相机取景的相关知识，系统则分析其知识学习需求，将其匹配到相应类别知识。如果学习需求是笼统的"取景"，或是取景的功能，则系统会将其匹配到功能知识。如果学习需求为实现取景功能的某一行为，如如何"调整视差"，系统会将其匹配到行为知识。如果学习需求为某一取景相关部件，如"取景器"，则系统会将其匹配到结构知识。用户的学习过程是实时的，可以根据学习状态不断更新学习需求。

2）知识分层关联

根据用户学习需求匹配结果，判断知识结构为 F-B-S、B-F-B-S 或 S-B-F-B-S。系统提供的知识结构是完整的，用户可以对结构进行扩展或收缩，选择是否向上映射。参照 3.4 节，利用 OWL 语言对上述知识结构进行知识分层关联，获得知识间的层次结构关系。知识学习需求通过知识结构的层层传递，作用于相关的知识域，为用户提供有效的学习导航。

3）知识地图展现

系统界面中的导航区展现可视化的知识地图，如图 4 中的导航区呈现的是"取景"学习需求匹配到的知识地图。用户可以在知识地图中沿着关联扩展或收缩知识节点，单击节点选择并查看知识的具体内容。单击有向关联边可以显示知识节点间的关联关系。知识地图还可以展示某一知识节点的邻居知识、前序知识和后序知识，帮助用户明确学习目标，找到学习足迹，对所处的知识层次有清晰的定位。

4.3　用户实验评价与检验

实验是评价与检验在线学习有效性的常用方法[22, 23]。本文安排用户在使用示例系统后填写评价问卷来评价产品知识地图的知识组织和知识展示对学习效果的影响，从而检验面向用户学习的产品知识地图构建方法。

实验分设三个步骤：①系统使用培训。实验前先对用户进行简短的使用培训，讲解如何使用软件，如何查询并查看知识以及其他注意事项，时间约 10 分钟。②用户学习。基于所构建导航示例系统，就各自所需，学习数码相机知识，时间约 30 分钟。③用户评价。填写调查问卷，评价学习效果，时间约 10 分钟。

问卷设计分两部分提问。其一是用户学习参与度测试提问，其二是用户评价与学习效果提问。学习参与度测试部分提出一些实验内容相关问题，检测用户是否进行了知识学习，用以判断问卷是否有效。评价与学习效果部分，借鉴 Wixom 和 Todd[24]、Doll 等[25]、Ong 等[26]、Petter 和 McLean[27]的研究成果，设计知识组织、知识展示、学习效果三类提问，共 8 个评价测量项，用 7 点李克特量表测度，测量项及出处如表 1 所示。

表 1　用户实验评价测量项

变量	提问描述	出处
知识组织	知识内容丰富、全面	文献[24]
	内容组织上符合产品特点	文献[24]
	导航知识资源能够满足我对数码相机的知识学习需求	文献[25]
知识展示	地图能够提供清楚、明了、直观的知识，可读性强	文献[26]
	地图结构清晰，可以帮助我梳理知识类别及其关联关系	文献[27]
	地图使我知道其所在位置并知道如何前进或返回	文献[27]
学习效果	利用地图导航我掌握了需要的产品知识	文献[25]
	利用地图导航系统的学习有助于数码相机的使用	文献[27]

年龄在 20~30 岁的 62 名大学在校生（包括本科生和研究生）参加本实验，就各自的产品使用问题完成示例系统的数码相机知识学习，填写并提交分发的评价问卷，实收问卷 57 份。通过学习参与度测试，剔除无效问卷，最终获得有效问卷 50 份。

本文首先通过内部一致性检验问卷的信度，然后采用统计变量及回归分析检验变量显著性差异。

（1）建构信度分析。即对问卷的可靠性进行检验，对问卷的信度进行评估。一般认为 Cronbach's α 大于 0.70 时建构信度较好，内部一致性较高。分析结果显示，知识组织、知识展示和学习效果三个变量的 Cronbach's α 分别为 0.816、0.809 和 0.825，均大于 0.70，因此问卷的信度较高。

（2）统计变量及回归分析。首先对三个变量进行描述性统计，均值分别为 6.31、6.03 和 6.15，可见本文构建的知识地图在知识组织和知识展示上获得了用户较好的评价，可以帮助用户获得较好的学习效果。其次，以知识组织、知识展示为自变量，以学习效果为因变量，对样本进行回归分析，检验变量的作用。回归结果如表 2 所示，常数项为 0.237，知识组织的回归系数为 0.568，知识展示的回归系数为 0.359，且 $P_{知识组织}=0.000<0.05$，$P_{知识展示}=0.003<0.05$，因此两个变量回归系数均有显著意义。求得回归方程为 $y=0.237+0.568x_1+0.359x_2$。

表 2　回归系数

模型	非标准化系数		标准系数	t	Sig.	B 的 95.0%置信区间	
	B	标准误差	Beta			下限	上限
（常量）	0.237	0.664		0.357	0.722	−1.098	1.573
知识组织 x_1	0.568	0.137	0.482	4.159	0.000	0.293	0.843
知识展示 x_2	0.359	0.115	0.362	3.124	0.003	0.128	0.590

由此可见，知识组织和知识展示对学习效果均产生了正的显著影响。本文所提方法构建出的产品知识地图，其知识的分类组织和知识的分层展示可以帮助用户更好地完成产品知识的学习，从而验证了本文所提的知识地图构建方法是可行的。

5　结束语

本文针对企业产品在线售后服务，提出了一种面向用户学习的产品知识地图构建方法。该方法参照主题分类思想，采用产品概念设计的 FBS 方法对复杂的产品知识进行分类，从用户需求出发组织并展示能够满足用户学习需求的学习资源，构建面向用户学习的产品知识地图。最后，为展示所提方法的应用，以数码相机知识为例，构建了一个示例系统，并通过用户实验对知识地图做出评价和检验。结果表明，所构建的知识地图对学习效果有较好的帮助作用，知识组织与知识展示均对学习效果具有显著的正面影响，同时也说明本文所提的产品知识地图构建方法可行。

本文的研究可以为企业产品售后服务提供有益的启示。第一，知识地图可以应用于面向用户自主学习的企业售后服务中，采用统一规范的表达方式，如本体技术，来实现知识的可视化展示，可以帮助提高用户的学习效率。第二，企业售后服务的产品知识导航应面向用户需求，导航设计应符合用户学习过程的阶段性特征。第三，产品知识组织和展示要符合产品特点（如功能、行为和结构特点），产品概念设计的知识可以为售后服务提供可用的资源，企业应当充分应用产品设计知识，保证产品售前与售后的连续性。本文存在的不足之处如下：第一，在 Protégé 中用户学习需求的表达每次仅输入一个关键词，未来可以探究以多个关键词作为向量的用户需求匹配。第二，搜集材料有限，应用示例中的知识结构涵盖知识可能不够全面。本文主要阐述知识地图的构建方法。此外，本文所提方法不仅可以应用于产品类知识，还可能应用于服务类知识，未来研究可以探究服务领域中知识地图的构建方法，以实现在线服务组合的优化。

参 考 文 献

[1] Li M，Tan C H，Teo H H，et al. Effects of product learning aids on the breadth and depth of recall[J]. Decision Support Systems，2012，53（4）：793-801.

[2] Dholakia U M，Blazevic V，Wiertz C，et al. Communal service delivery how customers benefit from participation in firm-hosted virtual P3 communities[J]. Journal of Service Research，2009，12（2）：208-226.

[3] Jae H L，Aviv S. Knowledge maps for e-learning[J]. Computers & Education，2012，（59）：353-364.

[4] Fu Q Y，Chui Y P，Helander M G. Knowledge identification and management in product design[J]. Journal of Knowledge Management，2006，10（6）：50-63.

[5] Hao J，Yan Y，Wang G，et al. A user-oriented design knowledge reuse model[J]. Isrn Industrial Engineering，2013，（2013）：1-10.

[6] Kim S，Suh E，Hwang H. Building the knowledge map：an industrial case study[J]. Journal of Knowledge Management，2003，7（2）：34-45.

[7] 潘星，王君，刘鲁. 一种基于概念聚类的知识地图模型[J]. 系统工程理论与实践，2007，27（2）：126-132.

[8] 蒋翠清，幸龙潮，丁胡送. 基于层次分类体系的知识地图自动构建方法研究[J]. 情报学报，2008，27（4）：499-505.

[9] Zouaq A，Nkambou R. Building domain ontologies from text for educational purposes[J]. IEEE Transactions on Learning Technologies，2008，1（1）：49-62.

[10] Hao J，Yan Y，Gong L，et al. Knowledge map-based method for domain knowledge browsing[J]. Decision Support Systems，2014，（61）：106-114.

[11] 邓琳，昝昕武，黄茂林，等. 基于需求—功能映射分析的概念设计[J]. 重庆大学学报，2002，25（12）：4-6.

[12] Li W，Li Y，Wang J，et al. The process model to aid innovation of products conceptual design[J]. Expert Systems with Applications，2010，37（5）：3574-3587.

[13] Gero J S. Design prototypes：a knowledge representation schema for design[J]. AI Magazine，1990，11（4）：26-36.

[14] Qian L，Gero J S. Function-behavior-structure paths and their role in analogy-based design[J]. Artificial Intelligence for Engineering Design Analysis & Manufacturing，1996，10（4）：289-312.

[15] Kan J W T，Gero J S. Using the FBS ontology to capture semantic design information[C]. About：Designing Analysing Meetings，2009：213-229.

[16] Umeda Y，Tomiyama T，Yoshikawa H. FBS modeling：modeling scheme of function for conceptual design[C]. Proceedings of the 9th international. Workshop on Qualitative Reasoning，1995：271-278.

[17] 龚京忠，李国喜，邱静. 基于功能—行为—结构的产品概念模块设计研究[J]. 计算机集成制造系统，2007，12（12）：1921-1927.

[18] Wang M，Zeng Y，Chen L，et al. An algorithm for transforming design text ROM diagram into FBS model[J]. Computers in Industry，2013，64（5）：499-513.

[19] Cascini G，Frate L D，Fantoni G，et al. Beyond the Design Perspective of Gero's FBS Framework[M]. Fairfax：Springer Netherlands，2011.

[20] Christophe F，Bernard A，Coatanéa É. RFBS：a model for knowledge representation of conceptual design[J]. CIRP Annals-Manufacturing Technology，2010，59（1）：155-158.

[21] Nanda J，Thevenot H J，Simpson T W，et al. Product family design knowledge representation，aggregation，reuse，and analysis[J]. Artificial Intelligence for Engineering Design Analysis & Manufacturing，2007，21（2）：173-192.

[22] Ong T H，Chen H，Sung W K，et al. Newsmap：a knowledge map for online news[J]. Decision Support Systems，2005，（39）：583-597.

[23] Santhanam R，Sasidharan S，Webster J. Using self-regulatory learning to enhance e-learning-based information technology training[J]. Information Systems Research，2008，19（1）：26-47.

[24] Wixom B H，Todd P A. A theoretical integration of user satisfaction and technology acceptance[J]. Information Systems Research，2005，16（1）：85-102.

[25] Doll W J，Deng X，Raghunathan T S，et al. The meaning and measurement of user satisfaction：a multigroup invariance analysis of the end-user computing satisfaction instrument[J]. Journal of Management Information Systems，2004，21(1)：227-262.

[26] Ong C S，Day M Y，Hsu W L. The measurement of user satisfaction with question answering systems[J]. Information & Management，2009，(46)：397-403.

[27] Petter S，McLean E R. A meta-analytic assessment of the DeLone and McLean IS success model：an examination of IS success at the individual level[J]. Information & Management，2009，46 (3)：159-166.

Product Knowledge Map Construction—A User-Learning Oriented Method

YANG Chunji，CHEN Zhigao，MA Ling

(East China University of Science & Technology，Shanghai 200237，China)

Abstract   Enterprise provides product knowledge service through online platform can help users learn product knowledge and solve related problems. How to properly represent knowledge units of products is critical to enterprise after-sales service when answering specific user-learning needs. This study proposes a product knowledge map construction method. First, we start from user-learning needs and categorize product knowledge based on FBS method from product conceptual design. Then, we represent product knowledge structure hierarchically by using web ontology language. Finally, we construct a sample system of digital camera to apply the proposed method and conduct an experiment to assess the quality of constructed knowledge map and practicability of this method.

Key words   Knowledge map，User-learning，Product knowledge，FBS

作者简介

杨春姬（1990— ），女，华东理工大学商学院 2013 级硕士研究生，研究方向：信息系统与知识管理。Email：chunji_yang@163.com。

陈智高（1953— ），男，华东理工大学商学院教授、博士生导师，研究方向：信息系统与知识管理。Email：zgchen@ecust.edu.cn。

马玲（1975— ），女，华东理工大学商学院副教授、硕士生导师，研究方向：信息系统与知识管理。Email：maling@ecust.edu.cn。

信息系统学报
第 17 辑: 82-97

China Journal of Information Systems
82-97

在线社会支持的提供意愿研究
——基于解释水平理论的视角[*]

李嘉[1]，柳明辉[1]，刘璇[1]，张朋柱[2]，张晨[3]

（1. 华东理工大学 商学院，上海 200237）

（2. 上海交通大学 安泰经济与管理学院，上海200052）

（3. 上海赛科石油化工有限责任公司，上海 201507）

摘　要　近年来，互联网和电子健康网站的发展，使通过互联网进行社会支持成为可能。在线方式消除了地理和时间的限制，扩大了弱势群体获得社会支持的来源和途径，是对传统线下社会支持方式的一种良好补充。然而，这一类网站的繁荣与成功，依赖于是否有足够的用户愿意提供社会支持。因此，研究用户的在线社会支持提供意愿就成为一个非常有意义的研究问题。现有关于社会支持的研究主要关注的是养老和社区互助的场景，在线环境下许多传统线索（如视觉线索、听觉线索）消失，同时很多适用于家庭和社区场景的理论不再适用于线上环境。本文从解释水平理论的视角出发，研究心理距离对在线社会支持提供意愿的影响，以及共情在其中发挥的调节作用。我们通过实地问卷调查的方法收集了数据来验证所提假设。研究结果表明，心理距离对在线社会支持的提供意愿有负向影响，并且共情会负向调节这种影响。

关键词　电子健康，社会支持，心理距离，共情

中图分类号　C931

1 引言

所谓社会支持，是指运用一定的物质和精神手段对社会弱势群体进行无偿帮助的行为。在健康医疗领域，社会支持指向有健康困扰的群体（病人本人或病人的亲戚朋友）提供无偿帮助的行为。大量的研究表明，社会支持是影响病人身体健康状态的最重要的一个心理因素[1, 2]，同时也是实现医患价值共创的一种有效手段[3]。因此，社会支持是一种应该大力提倡和鼓励的亲社会行为，因为它能够改善病人福利，促进社会和谐。近年来，互联网和电子健康网站的发展，使通过互联网进行社会支持成为了可能。病人可以在网上发表与自身相关的疾病困扰，其他用户则可以提供相应的帮助，或者通过相互讨论来解决病人面临的问题。典型的提供在线社会支持的网站包括天涯论坛医院板块、39 健康网论坛、甜蜜家园（糖尿病病友圈）等。在线方式消除了地理和时间的限制，扩大了弱势群体获得社会支持的来源和途径，是对传统线下社会支持方式的一种良好补充。随着互联网和电子健康产业的发展，在线社会支持方式变得越来越流行，同时也展现出巨大的潜力。

在线社会支持类健康网站要获得成功，与用户提供社会支持的意愿是分不开的。如果用户都不愿提供社会支持、都不愿意参与研讨，那么即使提供了一个再好的平台也是无济于事的。提高用户提供

* 基金项目：国家自然科学基金面上项目（71371005）、国家自然科学基金面上项目（71471064）、上海市浦江人才计划项目（15PJC019）。
通信作者：刘璇，华东理工大学商学院，博士，副教授，E-mail：xuanliu@ecust.edu.cn。

社会支持的意愿，不仅可以造福需要帮助的健康弱势群体，还可以促进电子健康网站平台的繁荣。因此，研究在线环境下用户提供社会支持的意愿，对患者、平台和社会都有重要意义。

现有关于社会支持提供意愿的研究还非常少，并且这些研究大多缺乏理论基础。在线社会支持网站与传统的线下环境相比，存在显著差别。现有关于社会支持的研究主要关注的是养老和社区互助的场景，这与电子健康环境下的在线社会支持还有较大的差距。在线环境下的许多传统线索（如视觉线索、听觉线索）消失，同时很多适用于家庭和社区场景的理论不再适用于线上环境。这迫切需要从新的理论视角出发，研究一般电子健康环境下用户提供社会支持的影响因素和作用机理。

心理距离是现有社会支持研究忽略的一个重要概念。根据解释水平理论，人们对事件的解释会随着对事件心理距离（如时间距离、空间距离、社会距离、假设距离等）的知觉而发生系统改变，从而影响人们的反应。当知觉事件的距离较远时，人们使用抽象、本质和总体的特征对事件进行表征（高水平解释）；当知觉距离较近时，人们倾向于以具体、表面和局部的特征对事件进行表征（低水平解释）。在线环境下，人们虽然以计算机为媒介进行交流，但还是可以通过文字和图片等内容来感知到与发帖者心理距离的远近。心理距离可能会影响用户提供社会支持的意愿。当用户在心理上感知与目标事件距离更近时，会进行更加具体的思考，更加容易感知到求助人的切身体会和艰难之处，更容易产生共鸣，并对发帖者的处境产生担忧，从而激发用户提供社会支持的意愿。因此，本文的第一个研究问题是：

Q1：心理距离是否会影响用户提供在线社会支持的意愿？

同时，心理距离对社会支持提供意愿的影响，可能会受到共情的调节。共情是指设身处地理解他人想法的能力，是一种不随环境和场景变换的个人特质。因此，共情是一个可以稳定预测用户社会支持提供意愿的指标，具有一旦获取可以长期使用的优点。当用户处于高共情水平时，在给定的心理距离条件下，会更容易感知到弱势群体的感受，更容易理解发帖人的处境和需要帮助的迫切程度，因而更愿意提供在线社会支持。因此，本文的第二个研究问题是：

Q2：共情是否会调节心理距离对在线社会支持提供意愿的影响？

为了回答这两个研究问题，本文以解释水平理论为基础，提出了一个研究模型。在该模型中，心理距离对社会支持提供意愿有负向影响，而共情会负向调节这种影响。最后，我们通过问卷调查的方法收集数据并验证了所提的研究模型和假设。

2　文献综述

社会支持是 20 世纪 70 年代提出的一个概念，目前还没有统一接受的定义。Shumaker 和 Brownell[4]认为，社会支持是至少两个个体之间的资源交换行为，其目的是提供者有意图地改善接受者的福利。Pearlin[5]认为社会支持主要是物质上的可见的帮助和给予被帮助者直接的援助支持。Hoffman 等[6]则认为社会支持是精神上的支持，在精神上给予被帮助者以切实有效的援助。因此，我们认为社会支持同时包含物质和精神两个方面，可以被宽泛地定义为任何可能通过社交关系改善健康和福利状况的过程[7]。在本文中，我们认为社会支持是指运用一定的物质和精神手段对社会弱势群体进行无偿帮助的行为。

关于社会支持的内容和维度，前人有很多研究。Cutrona 和 Russell[8]识别出了五类重要的社会支持，即自尊支持(esteem support)、情感支持(emotional support)、网络支持(network support)、实际支持(tangible support)和信息支持 (informational support)。其中，自尊支持是指表达对技能、能力和内在价值的尊敬，唤起个体的自尊心和对生活的信心。情感支持是指传达关爱、担心、同情和怜悯的信息，涉及个体表达的关心和爱意。情感支持可以给予被帮助者心理上的安慰，让他们以更好的状态去生活。网络支持是指作为同伴一起进行各种社交活动，即能够与别人一起消磨时间，进行各种娱乐性的活动。实际支持是指提供生活或就医必备的各种物品和服务，甚至包括财力上的帮助等。信息支持是指提供建议、事实或行动的反馈，主要是提供一些有用的信息来帮助个体应对目前的困难，一般用建议或指导的方式进行。涉及社会支持分类的还有很多其他的研究，但是基本上都是这五类的子集或者不同命名。例如，Cohen 和 Wills[9]将自尊支持和情感支持视为同一类，并统一称为自尊支持。在 Cohen 和 Wills[9]的研究中，网络支持被称为社交友谊（social companionship），而实际支持被称为工具支持（instrumental support）。在线社会支持的后续研究基本上都采用了这五类分类法[10]或者它们的子集[11, 12]。

早期的一些学者对提供在线社会支持的社区进行了内容分析，发现了在线社会支持的一些模式特征。例如，Coulson 等[13]对亨丁顿舞蹈症（Huntington's disease）的社区进行了内容分析，发现信息支持和情感支持是健康社区中最常见的两类社会支持。Evans 等[14]针对产后抑郁的在线论坛进行内容分析，发现大部分情况下社区的用户都是首先提供信息支持，紧跟着再提供情感支持和实际支持（如提供物品和服务）。Buis 和 Whitten[15]分别对高存活率癌症和低存活率癌症在线社区进行了内容分析，发现高存活率癌症社区包含更多的情感支持，而低存活率癌症社区包含更多的信息支持。

还有一些学者研究了在线社会支持对健康状况改善的作用。Fogel 等[16]的研究表明，使用在线社会支持可以减少患者的孤独感，并且获得这种好处的成本非常低。Chen 等[17]研究了社会支持对体重控制和改善生活质量的影响。研究结论部分证明，传统面对面的社会支持和在线社会支持对于用户控制体重和改善生活质量都有重要作用。对于那些住在偏远地区的人而言，在线社会支持是传统社会支持一个理想的替代手段。最近 Yan 和 Tan[12]做了一个重要研究，提出了一个非齐次部分可观察马尔科夫决策过程的模型来检验在线社会支持对用户的健康状态是否真的有影响。研究表明，用户通过参与在线社区活动，可以从他人那里学习到更多知识，从而改善他们的健康状态，并且更好地进行疾病自我管理。同时，情感支持在帮助病人康复的过程中起到的作用最大，甚至超过信息支持的作用。

另一些学者关注了与在线社会支持相关的用户行为。例如，Liu 和 Chan[18]研究了虚拟健康社区中，社会身份认同对社会支持寻求行为的影响。这一研究认为社会身份认同会影响用户的健康信念，从而最终影响用户的社会支持寻求行为。Wang 等[11]研究了在线健康社区环境下，提供社会支持与用户持续活跃之间的关系，并以一个典型的乳腺癌社区为例进行了分析。研究结果表明，那些长期在社区活跃不会退出的用户，正是那些提供友谊类（social companionship）支持的用户。同时，与那些只提供信息支持的用户相比，提供情感支持的用户会更愿意继续留在社区。然而，这些研究并没有解释用户为什么愿意提供在线社会支持。

与本文研究最相关的是 Trobst 等[19]和 Lin 等[10]的研究。Trobst 等[19]研究了情感因素对社会支持提供意愿的影响。他们的研究表明，提供者的性别对社会支持的提供意愿有显著影响，女性比男性更愿意提供社会支持。同时，共情对社会支持的提供意愿也有显著影响，特质共情（trait empathy）和状态共情（state empathy）高的人更愿意提供社会支持。然而，这一研究是在传统面对面支持的情况下完成的。很多研究表明，男性和女性的差异在互联网环境下会缩小[20, 21]，因此这一研究结论并不一定适合线上的情况。另一项相关的研究是 Lin 等[10]的研究，他们探讨了接受社会支持和提供社会支持之间的关系。他们的研究表明，接受问题相关（problem-focused）或情感相关（emotion-focused）的社会支持增加了接受者处理各种健康问题的资源，而这些资源反过来又会促进用户提供社会支持的意愿。因此，那些接受更多社会支持的用户，到后期会更加愿意提供社会支持。然而，这一研究适合解释的对象是那些已经在论坛上有较长经历的用户，对于那些新用户或路过的用户则完全不适用，因此难以解释一般意义上的社会支持行为。

为了弥补这一研究空缺，本文从解释水平理论的视角，提出心理距离对社会支持提供意愿的影响，以及共情在这一过程中起到的调节作用。本文提出的研究模型，可以解释一般意义上的社会支持提供意愿，而不是针对某种特定用户（如那些有经验的用户），也不用局限于某种特定的在线环境（如必须是甜蜜家园、乳腺癌社区等封闭垂直的网站）。因此，从这个意义上说，本文的研究成果可以在一般意义上解释在线社会支持的提供意愿。

3 研究模型和研究假设

解释水平理论（construal level theory，CLT）是近年来新兴的一种心理表征理论[22~25]。该理论对信息的图式化程度进行了区分。其中，图式化程度较高的信息称为高水平解释，是相对抽象的心理表征；图式化程度较低的称为低水平解释，是相对具体的心理表征。抽象表征是从具体表征中抽象出来的[22, 24]。高水平解释的情况下，通常对应抽象、简单、结构化、连贯化、去背景化、首要和核心的特征；而在低水平解释的情况下，通常对应具体、复杂、无组织、不连贯、背景化、次要的和表面的特征。

解释水平理论认为，人们对事件的解释会随着对事件心理距离（如时间距离、空间距离、社会距离、假设距离等）的知觉而发生系统改变，从而影响人们的反应。具体来说，当知觉事件的距离较远时，人们使用抽象、本质和总体的特征对事件进行表征（高水平解释）；当知觉距离较近时，人们倾向于以具体、表面和局部的特征对事件进行表征（低水平解释）。人们对远距离事件的解释较为抽象的一个原因在于，远距离事件的具体特征很模糊，个体只能借助自己的知识经验对事件做出概括推断，从而形成了相对抽象的高水平解释。因此，人们对远距离的事件倾向于使用概括的主要信息进行解释，而推迟对事件的更加具体的次要特征的思考。解释水平的这些差异有着重要的心理意义[26]：在远距离条件下，与高水平解释相关的特征在个体的决策和判断等过程中起着重要作用；而在近距离条件下，与低水平解释相关的特征在决策和判断中更受重视。

经典的解释水平理论包括四个维度，即时间距离、空间距离、社会距离和假设距离。其中，时间距离是指个体对事件发生的时间远近的知觉；空间距离是指个体对空间远近的知觉；社会距离是指社会客体与个体自我差异的大小；假设距离是指事件或客体发生的可能性大小或与现实的距离远近。根据解释水平理论，这四种心理距离的作用机制非常相似。它们有着相同的零点，都以个体自己直接的当前经验为参照。如果某一事件并非个体此时此地的直接经验，对此事件的解释只能通过个体的知识间接地加以推断，因此个体知觉的心理距离较远。由于心理距离是各维度的共有意义，解释水平理论假设这四种维度的本身是相互关联的，对刺激能够自动自发地解码。这四种心理距离都以与时间距离相似的方式影响着个体对解释水平的选择，并进而影响人们的反应。

大量研究表明，心理距离会影响个人判断和行为倾向[27, 28]。如果一个事件发生在心理距离较远的地方，那么人们采取行动来干涉或改变这一事件就变得不那么迫切。例如，阚忠钰[27]的研究表明，心理距离对人们的道德判断会产生影响。他们的研究发现，人们对不道德行为的心理表征符合解释水平理论的预期，即对心理距离近的不道德行为更倾向于进行具体、细节和情境性的低水平解释，而对心理距离远的不道德行为则更倾向于做抽象、概括和整体性的高水平解释。同时，当不道德行为中存在减弱道德批判的细节或背景时，人们对该不道德行为的评价在远的心理距离条件下会更加严厉，而在近的心理距离条件下则会显得相对温和。类似的，Spence 等[28]研究了心理距离和采取行动阻止全球变暖之间的关系。他们的研究表明，如果人们觉得全球变暖产生影响的时间是距离现在遥远的未来（时间距离），影响的地方离他们很远（空间距离），影响到的人和自己关系不大（社会距离），发生全球变暖的可能性很小（假设距离），那么用户采取行动阻止全球变暖的行为（如减少能源消耗、降低二氧化碳排放）的意愿就会更低。

在一个典型的在线网络社区中，求助人发出求助帖子，希望得到别人的帮助。其他用户在查看这个帖子的内容后，评估发帖者的境况，从而决定是否提供社会支持来改变发帖者的境况。在这个过程中，心理距离的大小影响着用户对发帖者境况的评估结果。当用户与发帖者的心理距离较远时，用户试图从高水平解释发帖者的境况，因此对帖中所述事件的感知更加抽象和表面化，难以形成有具体细节的切身体会，难以产生共鸣和对发帖者状态的担忧。反之，当用户与发帖者的心理距离较近时，用户试图从低水平解释发帖者的境况，因此对帖中所述事件的感知更加具体和细节化，更加容易感知到求助人的切身体会和艰难之处，容易产生共鸣和对发帖者状态的担忧。

在本文中，我们除了考虑解释水平理论的四个经典维度（时间距离、空间距离、社会距离、假设距离）以外，还结合在线社会支持的特点，加入了两个尚在发展中的维度，即信息距离（informational distance）和体验距离（experiential distance）[29]。信息距离是指用户理解发帖人描述内容所需要的信息（知识或相关数据）和用户实际掌握信息之间的差距。用户要评估发帖人的处境，可能需要相应的信息（如理解一个疾病的严重程度以及可能给患者带来的伤害）。当这些信息缺乏时（具有较远的信息距离），用户就难以理解发帖人的境况，从而难以做出需要提供帮助从而改善其处境的决定。体验距离是指针对发帖人描述的内容，用户是否有亲身经历和体验，从而可以获得第一手的资料和数据。如果用户对发帖人描述的内容有亲身经历（如患过类似疾病），那么就可以获得第一手的资料和数据。这些一手数据与二手数据（如通过文献、媒体或道听途说得到）相比，更加有说服力，也更容易让用户产生共鸣。因此，针对发帖人描述的内容，当用户有亲身经历和体验时（具有较近的体验距离），用户更愿意提供在线社会支持。因此，本文将心理距离描述为一个二阶变量，包括六个具体的一阶变量，即时间距离、空间距离、社会距离、假设距离、信息距离和体验距离，并据此提出如下假设：

H1：心理距离对提供社会支持的意愿有负向影响。

共情（empathy）是指从他人的角度理解他人感受的能力，即设身处地为别人着想的能力[30]。共情被视为社交中的重要能力之一，通过共情可以分享他人的情绪、理解他人的感受，更加精准快速地判断他人的行动，并让我们掌握重要的环境信息以有利于自身的生存和发展。共情能力可以帮助我们更好地理解他人，与他人交流沟通，促进人与人之间亲密信任关系的建立。共情概念出现至今已有近百年历史，哲学、社会学、心理学等多个分支学科对其进行了大量研究，但共情概念仍是该领域研究者关注的主要问题之一[31]。近十年国内学者在共情领域也进行了一些心理学实证研究，但基本局限于发展和教育心理学领域，主要是对共情与儿童社会性发展关系的研究[30]。从社会支持的角度研究共情作用的论文尚少，关于共情对在线社会支持提供意愿影响的研究目前还未见。

前人的研究表明，共情和社会支持的提供意愿之间存在正向联系。例如，Batson 等[32]通过研究发现，那些共情水平更高的人，更愿意给别人提供帮助。Dunkel 和 Skokan[33]通过对施助者的调查，发现共情和社会支持提供意愿之间存在正向关系。Trobst 等[19]发现无论提供者的性别如何，倾向性共情和社会支持之间都存在正向的联系，虽然女性比男性更容易受到共情的影响。即使在提供帮助的成本较高时，具有高共情水平的人仍然更加愿意提供社会支持。这些研究结论表明，共情和社会支持提供意愿之间存在着稳定的联系。

在心理距离相同的情况下，不同用户提供社会支持的意愿仍然会因人而异。这种差异的一个重要来源就是共情。这是因为，人们提供社会支持的一个直接原因是理解发帖人的处境和需要帮助的迫切程度。当一个用户共情能力较强时，更容易设身处地地理解他人想法，即使他与求助对象的心理距离较远，感知到的发帖人情况更加表面化和抽象化，也仍然能够理解发帖人的处境和需要帮助的迫切程度，从而有更高的提供社会支持的意愿。反之，当一个用户共情能力较低时，更难设身处地地理解他人想法，即使他与求助对象的心理距离较近，感知到的发帖人情况更加深入化和具体化，也仍然难以理解发帖人的处境和需要帮助的迫切程度，因而提供社会支持的意愿有限。

在本文中，共情一共包含四个维度，即想象力、观点采择、共情性关心和个人痛苦[34]。其中想象力是指运用想象去体验帖子中的人物思维情感与行为的能力，重点考察被试者对帖子中人物情感和行为的卷入程度；观点采择是"站在他人的角度看问题"或"从他人的眼中看世界"的能力，重点考察个体理解他人在真实生活中的心理或观点的倾向性；共情性关心重点考察个体对他人情感关心、温暖和同情的程度；个人痛苦用于评估共情的自我倾向成分，是在观察到他人所处困境或压力情境时自身感受到的痛苦程度[35]。这四个维度从不同方面反映了用户设身处地地理解他人想法的能力。因此，本文将心理距离描述为一个二阶变量，包括四个具体的一阶变量，即想象力、观点采择、共情性关心和个人痛苦，并据此提出如下假设：

H2：共情会负向调节心理距离对于社会支持的影响。

基于以上分析，本文提出的研究模型如图1所示。其中，心理距离和共情都是二阶变量。心理距离由时间距离、空间距离、社会距离、假设距离、信息距离和体验距离这六个一阶变量组成。共情由想象力、观点采择、共情性关心、个人痛苦这四个一阶变量组成。控制变量包括性别、年龄、教育程度、计算机使用经验、论坛使用经验和工作繁忙程度。

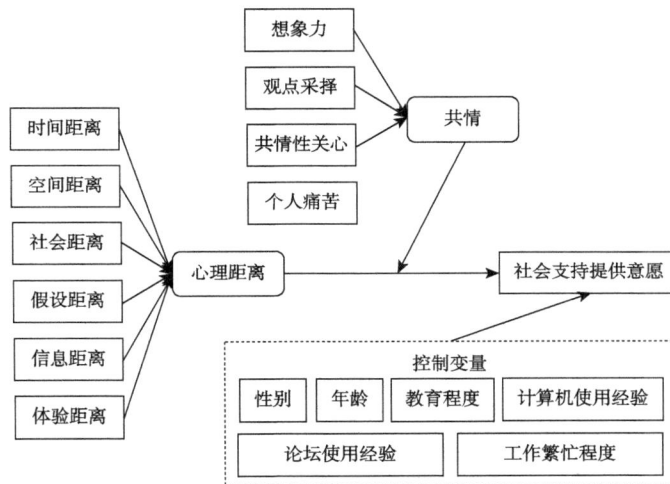

图1 研究模型

4 研究方法

4.1 测量方法

本文采用问卷调查的方法来验证所提的假设。为了提高测量工具的信度与效度，本文借鉴了被前人研究检验过的测度指标，并对其进行适度修改。本文采用中文版的人际反应指针量表（Interpersonal Reactivity Index-C，IRI-C）[34]来测量共情。与Davis[36]的量表不同，IRI-C是专门针对华人人群的量表，题项数由原来的28个修订为22个（在本文中，有5个问题在效度检验中被删除，因此只剩下17个问题），但是共情的4个维度仍然保持不变。本文研究模型中涉及变量的测量方法如表1所示。所有题项都用1~7分的里克特量表来测量，其中1分表示完全不同意，7分表示完全同意。

表 1　各构念的测量项

构念	题项	来源
观点采择（PT）	PT1：在做决定前，我试着从争论中去看每个人的立场	文献[34]
	PT2：有时我想象从我朋友的观点来看事情的样子，以便更了解他们	
	PT3：我相信每个问题都有两面观点，所以我尝试着从不同的观点来看问题	
	PT4：当我对一个人生气时，我通常会尝试着去想一下他的立场	
	PT5：在批评别人前我会试着想象：假如我处在他的情况，我的感受如何	
个人痛苦（PD）	PD1：在紧急的状况中，我感到担忧、害怕而难以平静	
	PD2：当我处于一个情绪非常激动的情况中时，我往往感到会无依无靠，不知如何是好	
	PD3：处在紧张情绪的状况中，我会惊慌害怕	
	PD4：在紧急状况中，我紧张得几乎无法控制自己	
	PD5：当我看到有人发生意外而急需帮助的时候，我紧张得几乎精神崩溃	
想象力（F）	F1：我的确会投入小说人物中的情感世界	
	F2：看完戏或电影之后，我觉得自己好像是剧中的某一个角色	
	F3：当我欣赏一部好电影时，我很容易站在某个主角的立场去感受他的心情	
	F4：当我阅读一篇吸引人的故事或小说时，我想象着：如果故事中的事件发生在我身上，我会感觉怎么样	
共情性关心（EC）	EC1：对那些比我不幸的人，我经常有心软和关怀的感觉	
	EC2：当我看到有人被别人利用时，我有点感到想要保护他们	
	EC3：我认为自己是一个相当软心肠的人	
空间距离（SD）	SD1：帖子上说到的人和事发生在距离我很远的地方	文献[28]和文献[37]
时间距离（TD）	TD1：帖子上说到的人和事发生在距离现在很远的时间	
社会距离（SCD）	SCD1：我愿意和帖子上的当事人成为邻居	
	SCD2：我愿意和帖子上的当事人成为朋友	
假设距离（HD）	HD1：帖子上说到的人和事发生在我身上的可能性很小	
信息距离（ID）	ID1：对于帖子上说到的人和事，我掌握的相关信息和知识很少	
体验距离（ED）	ED1：对于帖子上说到的人和事，我从未有过亲身经历	
社会支持提供意愿（PSS）	PSS1：针对上述帖子，我会尽力给发帖人以信息或情感上的支持	文献[38]

4.2　问卷调查的实施过程

本文所有的问卷都通过电子的方式发放和回收（通过问卷星实现），以便于网上答题，同时减少因为漏答产生的废卷率。为了招募到那些经常上网、上论坛（尤其是健康论坛）的用户成为被试，我们在几个主要互联网论坛（如天涯论坛医院板块、新浪健康论坛、39 健康网论坛、甜蜜家园等）与健康相关的不同板块上都发布了招募信息。为了激励被试填写问卷，每个填写问卷的用户可以获得 10 元的手机充值卡。数据收集经历 4 周的时间，一共收集到有效问卷 211 份。

被试的人口统计信息如表 2 所示。从表 2 的统计结果可以看到，40 岁以下的用户占据了所有用户的 80%左右，几乎所有被试都有大专以上学历，这也反映了目前互联网论坛用户的基本情况。同时，这些被试都有良好的计算机使用经验和论坛使用经验，说明我们寻找的被试符合本文研究的目的。

表 2　被试的人口统计特征

人口统计特征	类型	样本量	百分比/%
性别	男	110	52.13
	女	101	47.87
年龄	20~30 岁	100	47.40
	30~40 岁	67	31.75
	其他	44	20.85
教育程度	高中及以下	4	1.90
	大专	33	15.64
	本科	164	77.73
	研究生及以上	10	4.74
计算机使用经验	完全没有	0	0.00
	很少	1	0.47
	较少	1	0.47
	中间	16	7.58
	较丰富	62	29.38
	很丰富	85	40.28
	非常丰富	46	21.8
论坛使用经验	完全没有	2	0.95
	很少	6	2.84
	较少	12	5.69
	中间	31	14.69
	较丰富	55	26.07
	很丰富	78	36.97
	完全丰富	27	12.80
工作繁忙程度	完全不繁忙	4	1.90
	很少繁忙	3	1.42
	较少繁忙	13	6.16
	中间	37	17.54
	较繁忙	89	42.18
	很繁忙	48	22.75
	非常繁忙	17	8.06

5 系统评估

5.1 测量模型

　　我们首先对问卷进行了信度和效度分析。表 3 展示了问卷的信度和聚合效度，表 4 展示了问卷各构念间的相关系数表。我们使用 Cronbach's α 值、CR 和 AVE 这三个指标对构念进行信度检验。从表 3 中可以看到，所有构念的 Cronbach's α 系数和 CR 值均大于 0.7，AVE 值都大于 0.5。因此，可以认为问卷具有良好的信度。

表 3 信度和聚合效度

变量	CR	AVE	Cronbach's α	测量项	因子载荷值	t 值
观点采择（PT）	0.907	0.661	0.872	PT1	0.795	29.642
				PT2	0.861	32.645
				PT3	0.780	24.804
				PT4	0.816	50.941
				PT5	0.811	23.120
个人痛苦（PD）	0.942	0.763	0.925	PD1	0.872	5.744
				PD2	0.886	6.019
				PD3	0.889	5.434
				PD4	0.837	5.526
				PD5	0.885	5.431
想象力（F）	0.882	0.651	0.822	F1	0.816	23.857
				F2	0.785	19.066
				F3	0.846	38.666
				F4	0.780	23.582
共情性关心（EC）	0.866	0.683	0.768	EC1	0.830	28.011
				EC2	0.862	35.958
				EC3	0.787	18.137
空间距离（SD）	1.000	1.000	1.000	SD	1.000	0.000
时间距离（TD）	1.000	1.000	1.000	TD	1.000	0.000
社会距离（SCD）	0.903	0.823	0.821	SCD1	0.890	39.823
				SCD2	0.924	74.630
假设距离（HD）	1.000	1.000	1.000	HD	1.000	0.000
信息距离（ID）	1.000	1.000	1.000	ID	1.000	0.000
体验距离（ED）	1.000	1.000	1.000	ED	1.000	0.000
社会支持提供意愿（PSS）	0.920	0.851	0.826	PSS1	0.921	63.488
				PSS2	0.924	70.519

表 4 构念间相关系数表

变量	时间距离	空间距离	社会距离	假设距离	信息距离	体验距离	观点采择	个人痛苦	想象力	共情性关心	社会支持提供意愿
时间距离	1.000										
空间距离	0.653	1.000									
社会距离	-0.282	-0.310	0.907								
假设距离	0.494	0.518	-0.232	1.000							
信息距离	0.538	0.478	-0.173	0.406	1.000						
体验距离	0.433	0.404	-0.199	0.479	0.525	1.000					
观点采择	0.018	0.134	-0.327	0.193	0.118	0.136	0.813				
个人痛苦	0.465	0.525	-0.262	0.334	0.503	0.382	0.133	0.873			
想象力	0.088	0.148	-0.417	0.185	0.131	0.148	0.641	0.362	0.807		
共情性关心	0.017	0.138	-0.413	0.193	0.172	0.183	0.694	0242	0.705	0.826	
社会支持提供意愿	0.129	0.130	-0.585	0.133	0.066	0.116	0.581	0.101	0.524	0.623	0.922

注：对角线上是 AVE 的平方根

表 3 显示所有测量项在对应构念上的因子载荷都大于 0.7，说明所有的测量项都很好地落到了对应

的构念上。同时，表 4 显示 AVE 的平方根大于所有其他构念之间的相关系数。因此，我们可以认为问卷具有良好的聚合效度和区分效度。同时，各一阶变量的 VIF 值均小于 2.7，说明多重共线性不是一个重要的问题[39]。

5.2 结构模型

我们使用了 Smart PLS 软件来检验结果模型。为了分别检验控制变量、主效应和交互效应的效果，我们依次计算了四个偏最小二乘回归模型，结果如表 5 所示。

表 5 PLS 结果

变量	模型 1	模型 2	模型 3	模型 4
年龄	0.167^{**}	0.153^{**}	0.071	0.065
	（0.06）	（0.05）	（0.05）	（0.04）
教育程度	-0.092^{*}	-0.072^{*}	-0.054	-0.050
	（0.05）	（0.05）	（0.04）	（0.04）
性别	0.143^{**}	0.134^{**}	0.06	0.075^{**}
	（0.06）	（0.05）	（0.04）	（0.04）
计算机使用经验	0.145^{*}	0.133^{**}	0.001	0.006
	（0.06）	（0.06）	（0.03）	（0.03）
论坛使用经验	0.336^{**}	0.178^{**}	0.135^{**}	0.122^{**}
	（0.07）	（0.07）	（0.06）	（0.05）
工作繁忙程度	0.066	-0.006	-0.020	-0.018
	（0.06）	（0.04）	（0.04）	（0.04）
心理距离		-0.472^{**}	-0.348^{**}	-0.331^{**}
		（0.05）	（0.06）	（0.08）
共情			0.448^{**}	0.420^{**}
			（0.08）	（0.03）
心理距离 × 共情				0.096^{*}
				（0.05）
Observations	211	211	211	211
R^2	0.264	0.446	0.579	0.586
ΔR^2		0.182^{***}	0.133^{***}	0.007^{+}
Effect Size（f^2）		0.329（中-高）	0.316（中-高）	0.017（低）

+表示 $p<0.1$；***表示 $p<0.001$；**表示 $p<0.01$；*表示 $p<0.05$

注：括号里面的数字表示回归系数的方差。$f^2=[R_{AB}^2-R_A^2]/[1-R_{AB}^2]$，其中，$R_A^2$ 表示模型 A 的拟合优度；R_{AB}^2 表示模型 B（包括模型 A 的自变量和新加入的自变量）的拟合优度；0.02、0.15 和 0.35 分别对应低、中、高程度的 effect size（效应量）[40, 41]。ΔR^2 显著性的具体计算方法见附录 1

模型 1 只添加了控制变量，结果表明年龄、性别、教育程度、计算机使用经验和论坛使用经验对在线社会支持的提供意愿均有显著影响。用户年龄越大，越愿意提供在线社会支持；女性比男性更容易提供在线社会支持；计算机使用经验和论坛使用经验更多的用户更愿意提供在线社会支持。同时，我们还发现教育程度越高，越不愿意提供在线社会支持。这一现象值得将来进一步研究。工作繁忙程度对提供在线社会支持没有影响，可能是本文研究场景中涉及的社会支持大多是举手之劳，不需要太高的用户成本。模型 1 解释了因变量 26.4% 的变异。

模型2在模型1的基础上加入了心理距离的影响。结果表明，心理距离对在线社会支持的提供意愿有显著的负向影响（$\beta=-0.472$，$p<0.01$）。模型2结果解释了因变量44.6%的变异。

模型3在模型2的基础上加入了共情的影响。结果表明，共情对社会支持提供意愿有正向影响（$\beta=0.448$，$p<0.01$）。模型3解释了因变量57.9%的变异，与模型2相比有很大的提高。这说明加入共情，可以更好地解释在线社会支持的提供意愿。

模型4在模型3的基础上加入了心理距离和共情的交互作用的影响。结果表明，共情会负向调节心理距离对社会支持提供意愿的影响（$\beta=0.096$，$p<0.05$）。模型4解释了因变量58.6%的变异。这说明加入共情的调节作用，可以更好的解释在线社会支持的提供意愿。

我们进一步进行了简单斜率测试（simple slope test），比较共情程度分别为低和高两种情况下心理距离对社会支持提供意愿的影响，来分析共情的调节作用，如表6与图2所示。t检验被用于检验不同模型路径系数的差异（具体方法见附录2）[42, 43]，结果表明心理距离对社会支持提供意愿的影响在不同的共情水平下存在显著的差异（$t=11.216$，$p<0.001$）。

表6　共情高低的比较分析

共情水平	参数	心理距离
高共情（$N=111$）	路径系数	-0.393
$R^2=0.234$	t值	-5.768***
低共情（$N=100$）	路径系数	-0.511
$R^2=0.272$	t值	-6.056***
全模型（$N=211$）	路径系数	-0.589
$R^2=0.347$	t值	-10.535***
差异比较	t值	11.261***

***表示$p<0.001$；**表示$p<0.01$；*表示$p<0.05$

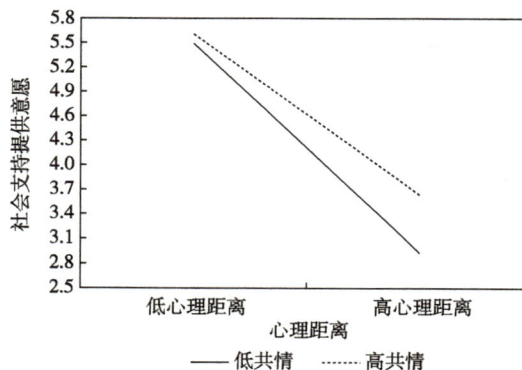

图2　共情对心理距离的调节作用

6　讨论

6.1　主要发现

本文研究了心理距离和共情对在线社会支持提供意愿的影响。本文有以下主要发现：

（1）心理距离对在线社会支持的提供意愿有负向影响。当用户感知目标事件的心理距离较远时，用户提供社会支持的意愿就会更低。这是因为心理距离较远时，用户会比较抽象地去理解目标事件，难以形成具体的解释和感受，因而难以做出反应；当心理距离较近时，用户会比较具体地去理解目标事件，容易形成具体的解释和感受，因而容易做出反应。

（2）共情负向调节心理距离对社会支持提供意愿的影响。当用户的共情水平较高时，用户更容易理解发帖人的处境和需要帮助的迫切程度，因而在给定心理距离的条件下，更愿意提供社会支持；当用户的共情水平较低时，用户更难理解发帖人的处境和需要帮助的迫切程度，因而在给定心理距离的条件下，更难提供社会支持。

6.2 理论贡献

本文的理论贡献如下：

（1）本文拓展了解释水平理论的适用范围。前人关于社会支持的研究大多缺乏理论基础，本文以解释水平理论为基础，研究了心理距离如何影响社会支持的提供意愿。心理距离是解释水平理论中的核心概念，但之前从未应用于解释社会支持行为。因此，本文拓展了解释水平理论的适用范围，将其应用到在线社会支持领域。

（2）在传统的解释水平理论中，心理距离只包含时间距离、空间距离、社会距离和假设距离这四个维度。本文结合在线社会支持的特点，加入了两个新的维度，即信息距离和体验距离，从而进一步丰富和发展了解释水平理论中关于心理距离这一核心变量的内涵。

（3）本文发现了共情会调节心理距离对社会支持提供意愿的影响。这说明影响社会支持提供的因素，除了用户感知事件与自己距离的远近，还包括用户自身的属性。研究结果表明，共情会负向调节心理距离对社会支持提供意愿的影响。这意味着共情水平较高的人，更容易消除心理距离造成的不予帮助的隔阂。

6.3 现实意义

本文对管理者有如下现实意义：

（1）用户提供社会支持的意愿取决于目标事件与用户心理距离的大小。当心理距离越小时，用户越有可能提供社会支持。因此，平台在向用户推荐浏览时，应针对用户做心理距离最小的个性化推荐。通过记录用户的浏览历史和个人偏好，平台可以对事件基本信息（如发生的时间、地点、疾病类型等）与用户基本信息（如年龄、学历、工作经历、收入等）进行匹配，从而向用户推荐浏览那些与其心理距离最近的帖子。这种做法可以提高提供社会支持的可能性，促进平台繁荣，同时增加病人福利。

（2）用户的共情可以削弱心理距离对社会支持提供意愿的负向作用。虽然用户的共情水平属于个人特质，平台很难操纵，但是平台可以通过用户行为识别出共情水平较高的人，并向这些人推荐那些距离所有人有很远心理距离的帖子，或者推荐那些冷门帖子。这种推荐方法，可以使难以获得帮助的病人有更大的可能性得到帮助，从而提高这些特殊病人的福利。

7 结论

近年来，互联网和电子健康网站的发展，使通过互联网进行社会支持成为可能。在线方式消除了地理和时间的限制，扩大了弱势群体获得社会支持的来源和途径，是对传统线下社会支持方式的一种良好补充。然而，这一类网站的繁荣与成功，依赖于是否有足够的用户愿意提供社会支持。因此，研究用户的在线社会支持提供意愿就成为一个非常有意义的研究问题。现有关于社会支持的研究主要关注的是养老和社区互助的场景，在线环境下许多传统线索（如视觉线索、听觉线索）消失，同时很多适用于家庭和社区场景的理论不再适用于线上环境。本文从解释水平理论的视角出发，研究心理距离对在线社会支持提供意愿的影响，以及共情在其中发挥的调节作用。我们通过实地问卷调查的方法收集了数据来验证所提假设。研究结果表明，心理距离对在线社会支持的提供意愿有负向影响，并且共情会负向调节这种影响。

当然，本文的研究也存在一些局限性。首先，本文在测量心理距离时，使用的测量方法较为简单，很多维度都只有一个问题。以后的研究应该进一步发展心理距离的测量方法，增加每一个维度的题项个数，从而提高测量的质量。其次，除了本文研究的两个因素，社会关系网络、亲社会动机等因素也可能影响社会支持提供意愿，以后的研究可以进一步考虑这些因素的影响。

本文对于寻求社会支持的病人以及电子健康平台的运营者具有重要意义。基于本文研究的结论，平台可以在推荐浏览时，针对用户做心理距离最小的个性化推荐，从而提高提供社会支持的可能性，促进平台繁荣，同时增加病人福利。同时，平台还可以向共情水平较高的人推荐那些距离所有人有很远心理距离的帖子，或者推荐那些冷门帖子，使难以获得帮助的病人有更大的可能性被帮助，从而提高这些特殊病人的福利。

参 考 文 献

[1] Uchino B N，Bowen K，Carlisle M，et al. Psychological pathways linking social support to health outcomes：a visit with the "ghosts" of research past，present，and future[J]. Social Science & Medicine，2012，74（7）：949-957.

[2] Usta Y Y. Importance of social support in cancer patients[J]. Asian Pacific Journal of Cancer Prevention，2012，13（8）：3569-3572.

[3] Loane S S，Webster C M，D'Alessandro S. Identifying consumer value co-created through social support within online health communities[J]. Journal of Macromarketing，2014，35（3）：1-15.

[4] Shumaker S A，Brownell A. Toward a theory of social support：closing conceptual gaps[J]. Journal of Social Issues，1984，40（4）：11-36.

[5] Pearlin L I. Social structure and processes of social support[A]//Cohen S，Syme S L. Social Support and Health[C]. San Diego：Academic Press，1985：43-60.

[6] Hoffman M A，Ushpiz V，Levy-Shiff R. Social support and self-esteem in adolescence[J]. Journal of Youth and Adolescence，1988，17（4）：307-316.

[7] Cohen S，Gottlieb B H，Underwood L G. Social relationships and health[A]//Cohen S，Underwood L，Gottlieb B. Social Support Measurement and Intervention：A Guide for Health and Social Scientists[C]. New York：Oxford University Press，2000：3-25.

[8] Cutrona C E，Russell D W. Type of social support and specific stress：toward a theory of optimal matching[A]//Sarason B R，Sarason I G，Pierce G R. Social Support：An Interactional View[C]. New York：Wiley，1990.

[9] Cohen S，Wills T A. Stress，social support，and the buffering hypothesis[J]. Psychological Bulletin，1985，98（2）：310-357.

[10] Lin T C，Hsu S C，Cheng H L，et al. Exploring the relationship between receiving and offering online social support：a dual social support model[J]. Information & Management，2015，52（3）：371-383.

[11] Wang X，Zhao K，Street N. Social support and user engagement in online health communities[C]. International Conference for Smart Health，Beijing，China，2014.

[12] Yan L，Tan Y. Feeling blue? Go online：an empirical study of social support among patients[J]. Informa- tion Systems Research，2014，25（4）：690-709.

[13] Coulson N S，Buchanan H，Aubeeluck A. Social support in cyberspace：a content analysis of communi- cation within a Huntington's disease online support group[J]. Patient Education and Counseling，2007，68（2）：173-178.

[14] Evans M，Donelle L，Hume L L. Social support and online postpartum depression discussion groups：a content analysis[J]. Patient Education and Counseling，2012，87（3）：405-410.

[15] Buis L R，Whitten P. Comparison of social support content within online communities for high-and low-survival-rate cancers[J]. Computers Informatics Nursing，2011，29（8）：461-467.

[16] Fogel J，Albert S M，Schnabel F，et al. Internet use and social support in women with breast cancer[J]. Health Psychology，2002，21（4）：398.

[17] Chen J F，Wu L L，Chou S C，et al. Online social support for weight control and improved quality of life[C]. Proceedings of PACIS 2014，Chengdu，China，2014.

[18] Liu N，Chan H C. Understanding the influence of social identity on social support seeking behaviors in virtual healthcare community[C]. International Conference on Information Systems（ICIS）2010. Saint Louis，Missouri，USA，2010.

[19] Trobst K K，Collins R L，Embree J M. The role of emotion in social support provision：gender，empathy and expressions of distress[J]. Journal of Social and Personal Relationships，1994，11（1）：45-62.

[20] Dittmar H，Long K，Meek R. Buying on the Internet：gender differences in on-line and conventional buying motivations[J]. Sex Roles，2004，50（5-6）：423-444.

[21] Davis R，Lang B，San D J. How gender affects the relationship between hedonic shopping motivation and purchase intentions？[J]. Journal of Consumer Behaviour，2013，13（1）：18-30.

[22] Liberman N，Trope Y. The role of feasibility and desirability considerations in near and distant future decisions：a test of temporal construal theory[J]. Journal of Personality and Social Psychology，1998，75（1）：5-18.

[23] Trope Y，Liberman N. Temporal construal[J]. Psychological Review，2003，110（3）：403-421.

[24] Liberman N，Trope Y，Stephan E. Psychological distance[A]//Higgins E T，Kruglanski A W. Social Psychology：Handbook of Basic Principles[C]. New York：Guilford Press，2007：353-383.

[25] Trope Y. Theory in social psychology：seeing the forest and the trees[J]. Personality and Social Psycho- logy Review，2004，8（2）：193-200.

[26] 孙晓玲，张云，吴明证. 解释水平理论的研究现状与展望[J]. 应用心理学，2008，13（2）：181-186.

[27] 阚忠钰. 心理距离对道德判断的影响[D]. 西南大学硕士学位论文，2010.

[28] Spence A，Poortinga W，Pidgeon N. The psychological distance of climate change[J]. Risk Analysis，2012，32（6）：957-972.

[29] Fiedler K. Construal level theory as an integrative framework for behavioral decision-making research and consumer psychology[J]. Journal of Consumer Psychology，2007，17（2）：101-106.

[30] 陈晶，史占彪，张建新. 共情概念的演变[J]. 中国临床心理学杂志，2008，15（6）：664-667.

[31] de Vignemont F，Singer T. The empathic brain：how，when and why？[J]. Trends in Cognitive Sciences，2006，10（10）：435-441.

[32] Batson C D，O'Quin K，Fultz J，et al. Influence of self-reported distress and empathy on egoistic versus altruistic motivation to help[J]. Journal of Personality and Social Psychology，1983，45（3）：706-718.

[33] Dunkel S C，Skokan L A. Determinants of social support provision in personal relationships[J]. Journal of Social and Personal Relationships，1990，7（4）：437-450.

[34] 詹志禹. 年级、性别角色、人情取向与同理心的关系[D]. 台湾政治大学教育研究所硕士学位论文，1987.

[35] Gladstein G A. Understanding empathy：integrating counseling，developmental，and social psychology perspectives[J]. Journal of Counseling Psychology，1983，30（4）：467-482.

[36] Davis M H. Measuring individual differences in empathy：evidence for a multidimensional approach[J]. Journal of Personality and Social Psychology，1983，44（1）：113-126.

[37] Bar A Y，Liberman N，Trope Y. The association between psychological distance and construal level：evidence from an implicit association test[J]. Journal of Experimental Psychology General，2006，135（4）：609-622.

[38] Venkatesh V，Morris M G，Davis G B，et al. User acceptance of information technology：toward a unified view[J]. MIS Quarterly，2003，27（3）：425-478.

[39] Petter S，Straub D，Rai A. Specifying formative constructs in information systems research[J]. MIS Quarterly，2007，31（4）：623-656.

[40] Burton J A，Straub D W. Reconceptualizing system usage：an approach and empirical test[J]. Information Systems Research，2006，17（3）：228-246.

[41] Cohen J. Statistical power analysis for the behavioral sciences[M]. Hillsdale：Lawrence Erlbaum Assoc- iates，1988.

[42] Zhang K Z，Lee M K，Cheung C M，et al. Understanding the role of gender in bloggers' switching behavior[J]. Decision Support Systems，2009，47（4）：540-546.

[43] Che T，Peng Z，Lim K H，et al. Antecedents of consumers' intention to revisit an online group-buying website：a transaction cost perspective[J]. Information & Management，2015，52（5）：588-598.

Research on Intention to Provide Online Social Support—A Construal Level Theory Perspective

LI Jia[1]，LIU Minghui[1]，LIU Xuan[1]，ZHANG Pengzhu[2]，ZHANG Chen[3]

（1. School of Business，East China University of Science and Technology，Shanghai 200237，China）

（2. Antai School of Economics and Management，Shanghai Jiaotong University，Shanghai 200052，China）

（3. Shanghai SECCO Petrochemical Company Limited，Shanghai 201507，China）

Abstract　With the development of internet and the proliferation of e-health websites，delivering social support through the internet becomes possible. The online social support brings several advantages including diminishing the geographic or time constraint，and providing a new channel to help the vulnerable groups. However，the success of social support websites heavily depends on the user's willingness to provide social support，usually without any economic feedback. Therefore，investigating why the users are willing to provide social support is a significant research question. Extant studies on social support mainly focus the mutual help within an offline community. Many of the traditional clues such as visual or auditory cues are no longer available in the online context，which means the findings from the offline community are no longer applicable. To fill the research gap，this research investigate the influence of psychological distance on the user's willingness to provide social support and the moderating effect of empathy from the construal level theory perspective. We collect data from field survey to test the proposed hypotheses. The results show that psychological distance have a negative effect on the willingness to provide social support，and empathy negatively moderate the impact of psychological distance on willingness to provide social support.

Key words　E-health，Social support，Psychological distance，Empathy

作者简介

李嘉（1980— ），男，博士，华东理工大学商学院副教授，湖南湘乡人。研究方向：电子健康、电子商务、群决策支持系统。E-mail：jiali@ecust.edu.cn。

柳明辉（1991— ），男，华东理工大学商学院硕士生，山东烟台人。研究方向：电子健康、电子商务、知识管理。E-mail：lmh1020lmh@163.com。

刘璇（1982— ），女，博士，华东理工大学商学院副教授，湖北人。研究方向：电子健康、电子商务、知识管理。E-mail：xuanliu@ecust.edu.cn。

张朋柱（1962— ），男，博士，上海交通大学管理学院管理信息系统系主任、责任教授、博士生（后）导师、中国系统工程学会理事、国际信息系统协会中国分会常务理事。研究方向：决策与创新支持系统，电子政务，开放式创新、电子健康。E-mail：pzzhang@sjtu.edu.cn。

张晨（1972— ），男，博士，上海赛科石油化工有限责任公司 IT 经理，上海人。研究方向：信息系统项目治理。E-mail：zhang.chen@secco.com.cn。

附录 1

根据 Burton 和 Straub[40]和 Cohen[41]的研究，我们测量了模型之间 ΔR^2 的显著性。公式如下：

$$F = \frac{\dfrac{R_2^2 - R_1^2}{k_2 - k_1}}{\dfrac{1 - R_2^2}{n - k_2 - 1}}$$

其中，F 统计量的自由度为 $(k_2 - k_1, n - k_1 - 1)$；n 表示样本数；k_i 表示模型自变量的个数；R_i 表示模型的拟合优度。

附录 2

根据 Zhang 等[42]和 Che 等[43]的研究，我们测量了共情的调节作用。公式如下：

$$Spooled = \sqrt{\frac{N_1 - 1}{N_1 + N_2 - 2} \cdot SE_1^2 + \frac{N_1 - 1}{N_1 + N_2 - 2} \cdot SE_2^2}$$

$$t = \frac{PC_1 - PC_2}{Spooled \cdot \sqrt{\dfrac{1}{N_1} + \dfrac{1}{N_2}}}$$

其中，t 统计量的自由度为 $N_1 + N_2 - 2$；N_i 表示不同水平的调节变量的样本数；SE_i 表示不同水平的调节变量下自变量的标准误（standard error）；PC_i 表示不同水平的调节变量下的自变量的回归系数。

信息系统学报
第 17 辑：98-108

China Journal of Information Systems
98-108

农产品流通信息平台质量对用户满意度的影响
——基于使用经验的调节作用*

徐健，王盼，吕成戍

（东北财经大学 管理科学与工程学院，辽宁 大连 116025）

摘　要　近年来，各地相继建成了一批农产品流通信息平台，但这些信息平台普遍遇到用户规模小、使用频率低等问题。本文从信息平台质量角度出发，构建了一个考虑使用经验调节作用的信息平台质量对用户满意度影响的概念模型，并通过偏最小二乘法（PLS）结构方程模型进行了实证分析。结果表明：①服务质量、信息质量和系统质量对用户满意度具有显著正向影响；②用户满意度对用户使用倾向具有显著正向影响；③使用经验对服务质量和满意度之间的关系具有显著负向调节作用，而在系统质量和信息质量对满意度的影响关系上调节作用不显著。本文进一步提出了推广农产品流通信息平台的对策建议。

关键词　信息系统成功模型，服务质量，信息质量，系统质量，满意度

中图分类号　F713

1　引言

近年来，农产品价格波动加剧，"价贵伤民"和"菜贱伤农"交替出现，引发了全社会的广泛关注。我国农产品价格暴涨暴跌的一个重要原因在于农产品流通生产信息不畅[1]。特别是农户缺乏及时准确的市场信息，难以有效制订农产品生产种养计划，并容易产生跟风行为，导致农产品生产的不稳定。为了破解农产品生产流通信息不畅的难题，迫切需要建立一个高效完善，整合农产品市场信息采集、存储、传输与发布等功能，满足农产品流通渠道中不同主体需要的现代化的农产品流通信息平台[2]。

从现有的农产品流通信息平台的研究成果来看，学者们大多是从农产品信息平台的系统开发和平台建设的角度来分析信息平台的运行模式、系统设计、性能优化等信息平台开发和建设中存在的技术问题及其规制策略，这类研究已经取得了丰硕的成果[2~5]。崔雪冬[2]在借鉴发达国家农产品物流信息化建设经验的基础上，提出了六个完善我国农产品流通信息服务体系的建设策略。胡艺峰等[4]则基于 RFID（radio frequency identification，即射频识别）技术设计了农产品流通信息系统，解决了农产品流通信息平台中实现农产品信息及时、快速、准确的交流和共享的难题。资武成和廖小刚[5]则基于供应链管理研究的视角，比较研究了政府主导式信息服务、消费者需求式信息服务模式、农产品供应商信息服务模式等，并提出了构建农产品流通中供应链式信息服务模式的对策。这些研究为新农村商网、中国惠农网、海南农业信息网等农产品流通信息平台的快速建设奠定了较为坚实的技术基础与制度保障。

随着农产品流通信息平台的陆续上线运行，信息平台用户数量少、使用率不高等问题日益突出，

---

* 基金项目：教育部哲学社会科学研究重大课题攻关项目（12JZD025）、国家社会科学基金青年项目（14CGL040）、辽宁省高等学校优秀人才支持计划（WJQ2014037）、国家自然科学基金项目（71602021）。
通信作者：徐健，东北财经大学管理科学与工程学院，博士，教授，E-mail：xujian@dufe.edu.cn。

并严重制约了信息平台在化解信息不对称上的作用，使农产品流通信息平台使用问题的研究变得越来越重要[6]。但到目前为止，尚没有学者对农产品流通信息平台的用户使用倾向问题进行深入的研究。信息系统成功模型指出，建成的信息系统要想获得广泛的采纳和使用必须提高用户对该系统的满意度，而信息系统质量的三个维度（信息质量、系统质量和服务质量）是影响用户满意度的重要因素[7, 8]。另外，我国农户受教育程度偏低，学习新的信息技术的能力不高，对农产品流通信息平台的认知和掌握程度受使用经验的影响很大。对于不同使用经验的农户而言，信息质量的不同维度对农户的满意度的影响会存在较大差异。因此，本文将以信息系统成功模型为基础，研究我国农产品流通信息平台的质量维度与农户对信息平台使用的满意度、使用倾向之间的关系，揭示影响农户使用信息平台的关键质量维度。同时，将农户对信息平台的使用经验作为调节变量，考察使用经验对信息平台质量维度与满意度之间关系的影响。

2　理论模型与研究假设

2.1　信息系统质量对用户满意度的影响

全面质量管理认为产品与服务的质量是决定组织未来是否可以取得成功的重要因素[9]。对于一个信息系统而言，获得成功的关键在于从用户的角度关注并提升信息系统的质量。Delone 和 Mclean[7]在整合以往信息系统成功因素研究的基础上，提出了信息系统成功模型，指出信息系统质量包括系统质量和信息质量两个维度，并以系统使用和用户满意度为中介，产生个人影响和组织影响。信息系统成功模型提出后受到了信息系统领域学者们的广泛关注，学者们开展了大量的实证研究和理论拓展。2003年，Delone 和 Mclean 在综述信息系统成功模型提出 10 年来的研究进展的基础上，进一步修订了信息系统成功模型，在信息系统质量中增加了服务质量维度，指出信息质量、系统质量与服务质量三个维度对用户满意度和使用具有重要的影响[8]。

农产品流通信息平台的服务质量反映了信息平台的服务特性，是指用户对于服务的规范性的期望与实际服务之间的差异性程度[10]。服务质量一般包括可靠性、响应性、保证性、移情性等服务特征[10~12]。可靠性是指信息平台能够提供准时的服务，能够在特定的时间提供承诺的服务。响应性是指信息平台能够对用户的请求提供及时的服务和回复。保证性是指信息平台具有专业的知识与能力，能够提供丰富的相关信息并保证服务的专业性。移情性是指信息平台能够关心用户的需求，并提供个性化的服务。一些学者在研究中发现低下的服务质量会降低用户的满意度，并导致用户的流失[8, 10, 13]。本文的研究对象是农产品流通信息平台，与企业内部的信息系统、电子商务网站等信息系统相比，其主要的用户群体是农民。而我国农民普遍受教育程度较低，对信息技术掌握能力有限，为使其能够掌握并顺利使用农产品流通信息平台，服务质量在其中的作用更为重要。因此，本文提出：

H1：农产品流通信息平台的服务质量对用户的满意度有显著的正向影响。

农产品流通信息平台的系统质量反映了信息平台的系统特征，包括信息平台运行的可靠性、导航有效性、页面布局合理性等方面的内容[12]。信息平台的系统质量是整个信息平台质量的基石，是整个信息平台的基础设施，承载了信息平台的另外两个维度，即信息、服务。学者们已经针对管理支持系统[14]、知识管理系统[15]、网站[16]等多种不同类型的信息系统进行了实证研究，发现系统质量对用户的满意度和使用倾向具有显著的促进作用。而且，与一般信息系统相比，农产品流通信息平台的功能更为复杂，而且涉及众多农产品品种和不同时期的数据，且直接用于指导农业生产。因此，没有运行可靠、导航合理、布局有序的信息系统，用户就不可能很好地使用该信息平台，并及时方便地获取相关的信息和服务，也就难以获得用户的满意。因此，本文提出：

H2：农产品流通信息平台的系统质量对用户的满意度有显著的正向影响。

农产品流通信息平台的信息质量反映了信息平台的内容特征，是指信息系统生成报告或者屏幕上显示的内容的质量[7]，包括信息的及时更新、完整性、准确性和相关性[12]。在以往对信息系统的研究中，研究者都将信息质量作为信息系统成功的重要因素加以考量，并在实证研究中发现信息质量对于用户的满意度具有显著的影响[15]。对于农产品流通信息平台而言，农户使用这些平台的目的在于获取相关的农产品生产流通信息，这些信息是否完整、准确、可靠、相关、及时直接影响到农户决策的合理性，因此，无论是系统质量还是服务质量，都是为信息质量服务。如果农产品流通信息平台不能提供高质量的信息，就无法提高用户的满意度。因此，本文提出：

H3：农产品流通信息平台的信息质量对用户的满意度有显著的正向影响。

2.2　满意度对使用倾向的影响

用户满意度反映了用户对信息平台所提供的报告、支持服务的评价[17]，是用户在信息平台直接交互过程中形成的情感态度[18]。在信息系统成功模型中，用户满意度是测量用户对信息系统和整个使用全过程的总体评价的重要指标[8]。

使用倾向是用来测量用户将来使用信息平台的可能性，是系统使用的一个态度性指标[15]。虽然也有一些研究使用实际使用数据（如硬件监控数据、用户连接时间、系统功能使用量等）作为系统使用的指标[7]，但对于非强制性使用的系统而言，使用倾向可以作为实际使用的替代指标[18]。另外，考虑到在模型中采用使用倾向能够更好地解释用户使用系统是由于因果关系，因此，本文采用的是使用倾向。

虽然用户对信息系统的满意度评价形成于信息系统的使用过程，但信息系统成功模型理论指出，形成后的满意度又会反过来影响用户未来使用信息系统的倾向和行为[8]。Hsieh 和 Wang[19]在研究 ERP（enterprise resource planning，即企业资源计划）系统的用户使用问题时发现，满意度和使用程度之间存在显著的正向影响。刘鲁川和孙凯[20]实证检验了用户满意度与持续使用之间的关系，发现用户对信息系统的满意度正向影响用户对信息系统的持续使用意愿。因此，本文提出：

H4：用户的满意度对使用倾向有显著的正向影响。

2.3　使用经验及其调节效应

信息平台使用经验有直接经验和间接经验之分。直接经验是指用户使用过目标系统或者和目标系统相似系统的经历，间接经验是指使用过和目标系统存在共同技术基础的一些技术的经历[21]。马钦海等[22]指出信息系统的使用经验可以用对信息平台的使用频率来测量。本文也采用这一方法，利用农户使用农产品流通信息平台的频率来反映农产品流通信息平台的使用经验，测度的是信息平台使用的直接经验。

用户前期经验所获得的关于新技术的知识和信息有助于用户形成对信息系统的使用意向，而这些信息由于来源于用户的亲身体验，其不确定性较低，用户对其的信赖程度更高。通常来讲，直接经验对用户使用目标系统有一定的直接影响作用，用户由于使用过目标系统或和目标系统内容相似的系统，通常会具有更强的使用技能，并对其效果有一定的直观的认识[21]。因此，使用经验高的用户在评价信息系统时，更多依赖于信息系统本身的价值，而非使用难度或其他人的意见等其他衡量指标。例如，Taylor 和 Todd 在研究中发现，使用经验较少的用户更看重系统的易用性，而使用经验多的用户更看重系统的有用性[23]。Venkatesh 和 Davis 则在研究中发现，随着使用经验的增加，主观规范对系统有用性评价的影响会降低[24]。

对于农产品流通信息平台而言，农户使用经验对服务质量与满意度之间关系的影响主要在于以下两点。第一，随着农户使用经验的增加，其对信息平台的使用更为熟悉，往往能够独立地使用或解决使用中遇到的问题，因此在使用过程中对支持服务的及时性、积极性和个性化的要求就越低。第二，农产品流通信息平台是一个典型的任务型系统，使用该平台是为了获取相关的农产品流通信息，并提高经济收益。随着使用经验的增加，用户从最初的试用、体验逐渐转向对该信息平台实际价值的考量，服务质量的影响会降低。因此，使用经验对服务质量和用户满意度之间的关系具有负向调节作用。

但是，随着使用经验的增加，用户会对信息平台的系统质量和信息质量有更深入的理解。如果信息平台提供的农产品生产流通信息准确度不高、时间滞后、运行不可靠、信息组织混乱，使用经验多的用户更能确信是信息平台的自身问题，而非自己使用不当，因此更容易产生对信息平台的严重不满。另外，使用经验多也意味着用户在该信息平台上投入了较多的学习成本，如果发现信息平台的系统质量和信息质量低下，不能为其生产经营提供有价值的信息，也会加剧不满意的情绪。因此，随着使用经验的增加，系统质量和服务质量对用户满意度的影响会增强。

根据上述分析，本文提出如下假设：

H5a：使用经验对服务质量和用户满意度的关系具有负向调节作用。

H5b：使用经验对系统质量和用户满意度的关系具有正向调节作用。

H5c：使用经验对信息质量和用户满意度的关系具有正向调节作用。

在上述理论基础与研究假设的基础上，本文将农产品流通信息平台质量的三个维度，即服务质量、信息质量、系统质量作为前因变量，将信息平台用户满意度作为中心变量，将使用倾向作为结果变量，并加入使用经验对信息平台质量与满意度之间关系的调节效应，对传统的信息系统成功模型进行理论扩展与假设开发，提出了本文的概念模型，如图 1 所示。

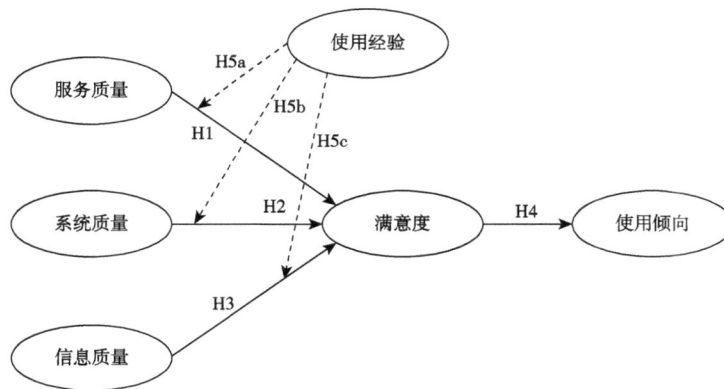

图 1　概念模型

3　研究方法与数据采集

3.1　量表开发与设计

本文在参考大量以前验证过的成熟量表的基础上，结合本文的情境进行修订，最终形成本文的测量量表。其中，服务质量、系统质量、信息质量的问项参考周涛等[12]的研究，用户满意度参考 Au 等[25]的研究，使用倾向参考 Teo 等[26]的研究。对于英文量表，经过对英语与汉语之间的 3 轮翻译形成了本文的初步量表。然后再根据研究的情境对测量问项进行了适当调整，从而形成了最终的调查问题项。问卷采用了通行的李克特（Likert）5 级量表，即 "1" 表示完全不同意，"5" 表示完全同意。

为避免问卷测度项表述模棱两可，在发放正式问卷之前，我们邀请了大连周边的 16 位农户进行问卷前测，根据他们的反馈，进一步调整了表达不够简明的问项，最后形成 15 个测量问项，用于测量服务质量、信息质量、系统质量、满意度、使用倾向 5 个潜变量。

3.2 数据采集

正式研究在 2013 年 12 月 25 日至 2014 年 3 月 21 日开展，课题组利用学生寒假回家的时机，组织了 67 名学生在家乡发放调查问卷。为了提高问卷的回收率和填答质量，我们采取了以下措施：第一，根据学生的专业和户籍进行了过滤，主要选择来自农村并且专业相关的学生作为调查员；第二，在调查前对所有调查员进行了培训，让调研人员了解问卷调查的方法，以及问项代表的具体含义；第三，要求受访者必须是户主或了解家庭生产详细情况的人；第四，问卷调查员采用访谈的形式向受访者解释问题，并根据受访者的意见代为填写问卷；第五，为了激励调查员，我们按照每份有效问卷 15 元的标准支付报酬。

调查中共投放问卷 800 份，回收 503 份，其中有效问卷 391 份，样本来自 17 个省份，有效回收率 48.88%。在 391 份有效样本中，男女比例分别为 65.2% 和 34.8%。受访者年龄层次以 41~50 岁为主，占样本总体的 39.7%；其余依次是 31~40 岁，占 27.8%；21~30 岁，占 20.8%；51 岁以上，占 7.0%；20 岁及以下，占 4.7%。从受访者每周访问农产品信息平台时长来看，每周访问时间在 1 小时以下的用户占 49.1%，1~2 小时的占 28.5%，2~3 小时的占 10.7%，3~4 小时占 4.9%，大于 4 小时的占 6.8%。

为了检验共同方法偏差，我们按照 Podsakoff 等[27]的建议将全部 15 个观测变量进行 Harman 单因子分析，发现在未旋转时得到的第一个主成分占到的载荷量并没有占到多数。这表明本文中共同方法偏差对研究结论不会产生显著的影响。

4 数据分析与结果

4.1 信度和效度检验

在本文中，我们采用 CR 来测量同一量表下各测量题项间的一致性。从表 1 可以看出，最低的 CR 系数为 0.78，高于门槛值 0.7，表明本测量采用的量表具有较好的内部一致性。

表 1 测量模型的信度和收敛效度检验

结构变量	测量变量	因子载荷	AVE	CR
服务质量	SEQ1 该信息平台能按时提供它承诺的服务	0.78***	0.59	0.81
	SEQ2 当用户遇到问题时，该信息平台会积极解决这一问题	0.88***		
	SEQ3 该信息平台提供个性化的服务	0.83***		
信息质量	INFQ1 该信息平台提供了及时的相关信息	0.79***	0.54	0.78
	INFQ2 该信息平台可以为我提供农业生产经营所需的准确信息	0.66***		
	INFQ3 该信息平台提供的信息是完整的	0.75***		
系统质量	SQ1 该信息平台的运作是可靠的	0.69***	0.55	0.79
	SQ2 该信息平台的界面布局设计很有条理	0.78***		
	SQ3 该信息平台提供的功能导航服务是有效的	0.76***		

续表

结构变量	测量变量	因子载荷	AVE	CR
满意度	SAT1 我对该信息平台感到满意	0.78***	0.69	0.87
	SAT2 我对该信息平台感到满足	0.88***		
	SAT3 我对该信息平台感到愉快	0.83***		
使用倾向	CON1 我倾向继续使用该信息平台而不是停止使用	0.79***	0.67	0.86
	CON2 我倾向继续使用该信息平台而不是选用其他替代的平台	0.82***		
	CON3 我不会停止对该信息平台的使用	0.84***		

***表示 $p<0.001$；**表示 $p<0.01$；*表示 $p<0.05$

为了确保每个多题项量表体系都能够恰当地描述特定概念的内涵，本文对概念模型所涉及结构变量的收敛效度和判别效度进行了检验。从表 1 可以看出，所有题项在对应结构变量上的因子载荷系数均在 0.001 的水平上显著，绝大多数题项的因子负载系数大于 0.7，最低的因子负载系数也达到了 0.66，接近于门槛值 0.7。而且每个潜变量的 AVE 最小值为 0.54，大于门槛值 0.5。因此，本文中的量表具有充分的收敛效度。为确保各个概念之间存在内涵和实证方面的差异，我们计算了每个潜变量的 AVE 的平方根和潜变量之间的相关系数。从表 2 可以看出，每个潜变量的 AVE 的平方根均大于该潜变量与其他潜变量的相关系数，这表明模型中各个概念之间存在着恰当的判别效度[28]。

表 2　测量模型的判别效度检验

结构变量	服务质量	系统质量	信息质量	满意度	使用倾向
服务质量	0.77				
系统质量	0.42	0.74			
信息质量	0.47	0.51	0.74		
满意度	0.41	0.58	0.59	0.83	
使用倾向	0.33	0.54	0.49	0.56	0.82

注：对角线上的数字为潜变量的 AVE 的平方根，对角线下方的数字是两个潜变量间的相关系数

4.2　结构方程分析

本文借助 Smart PLS 2.0 M3，采用偏最小二乘法（partial least square，PLS）对图 1 所示的结构模型进行分析。实证分析结果如表 3 所示。

表 3　模型的假设检验结果

假设路径关系	标准化路径系数（β）	T 值	结论
假设 1：服务质量→满意度	0.09*	2.18	得到支持
假设 2：系统质量→满意度	0.37***	10.99	得到支持
假设 3：信息质量→满意度	0.35***	9.94	得到支持
假设 4：满意度→使用倾向	0.56***	18.11	得到支持

***表示 $p<0.001$；**表示 $p<0.01$；*表示 $p<0.05$

农产品流通信息平台质量的三个维度均对用户满意度产生显著的正向影响。具体而言，系统质量和信息质量对用户满意度的影响较大，标准化路径系数分别为 0.37 和 0.35，且均在 0.001 的水平上显著。因此，系统质量、信息质量提高一个单位，用户满意度将分别提高 0.37 和 0.35 个单位。而服务质量对信息平台的用户满意度的影响较小（$\beta=0.09$，$p<0.05$）。服务质量影响小的原因可能在于当前农产品流通信

息平台的功能普遍比较简单，往往都是相关信息的发布，使用起来并不复杂，因此不需要太多的服务。因此，假设 H1、H2、H3 均得到支持。虽然系统质量、信息质量和服务质量作为平台质量的三个重要维度，均会对用户满意度产生影响，但对于各种信息平台而言，三者的影响存在差异[18, 29]。本文的研究结论表明，对于农产品流通信息平台而言，农户的满意度主要受系统质量和信息质量的影响，而服务质量的影响比较小。为了提高用户的满意度，农产品流通信息平台运营商应该优先考虑并采取有效措施来提高信息平台的系统质量和信息质量。

对农产品流通信息平台的用户使用倾向而言，用户满意度影响很大，标准化路径系数达到 0.56，且在 0.001 的水平上显著。这意味着，用户满意度提升 1 个单位，用户使用倾向将提高 0.56 个单位，农户在农产品流通信息平台的使用过程产生的满意对他们后续使用信息平台的倾向具有重要影响。因此，假设 H4 得到支持。农产品流通信息平台的运营商为了提高农户后续的使用倾向，应该在建设、运营、服务过程中做到以农户的满意度为中心，采取切实措施提高农户的满意度。

4.3 调节效应分析

为了检验调节效应的显著性，本文使用了存在替代的自展抽样法（bootstrapping method of sampling），并以 1 000 次自展为基础，计算了标准误差。首先，把服务质量、系统质量、信息质量和使用经验都纳入结构方程模型中（第 1 阶段）。其次，与回归分析类似，通过把解释变量与调节变量相乘，计算得出交互因子，并把交互因子也放入模型中进行分析（第二阶段）。分析结果如表 4 所示。

表 4 调节效应检验

外生变量	满意度	
	第一阶段	第二阶段
服务质量	0.08* (2.00)	0.26** (3.10)
系统质量	0.37*** (10.52)	0.33*** (4.68)
信息质量	0.34*** (9.64)	0.33** (4.08)
使用经验	0.07* (2.78)	0.37 (1.62)
服务质量×使用经验		−0.51* (2.34)
系统质量×使用经验		0.03 (0.17)
信息质量×使用经验		0.13 (0.62)
R^2	0.46	0.47

***表示 $p<0.001$；**表示 $p<0.01$；*表示 $p<0.05$

在满意度作为内生变量的情况下，服务质量与使用经验的交互因子在 $P<0.05$ 的水平上具有统计显著性，标准化路径系数是−0.51。因此，使用经验对服务质量与用户满意度之间的关系存在显著的负向调节作用，随着使用经验的增加，服务质量与用户满意度之间的关系减弱，假设 H5a 得到支持。而系统质量、信息质量与使用经验的交互因子对满意度的影响并不显著，因此假设 H5b 和假设 H5c 没有得到支持。这意味着，对新上线运行的农产品流通信息平台而言，其用户的使用经验普遍较低，因此更应重视提升服务质量。

5 研究结论与展望

5.1 研究结论和理论贡献

本文以农户使用农产品流通信息平台为背景，在信息系统成功模型的基础上，将信息平台质量的三个维度，即服务质量、信息质量、系统质量作为前因变量，以用户满意度为中心变量，将使用经验作为调节变量，研究了农产品流通信息平台质量对用户使用倾向的影响机制。实证研究发现：①服务质量、信息质量、系统质量三个农产品流通信息平台质量维度均对用户满意度具有显著的正向影响作用；②用户满意度对使用倾向具有显著的正向影响作用；③使用经验对服务质量和用户满意度的关系具有显著的负向调节作用，而对系统质量、信息质量和用户满意度之间关系的调节效应不显著。

本文的理论贡献主要体现在两个方面：一方面，与以往农产品流通信息平台领域的研究主要关注平台的开发和建设问题不同，本文将信息系统成功模型应用于农产品流通信息平台使用问题的研究，在拓展信息系统成功模型的应用范围的同时，丰富了农产品流通信息平台领域的研究；另一方面，将使用经验引入信息系统成功模型，检验了用户使用经验在信息平台质量的三个维度对农户满意度影响关系上的调节作用，发展了信息系统成功模型。

5.2　管理启示与实践意义

根据本文的研究结果，为了提高农产品流通信息平台的用户数量和使用率，可以从提高用户对信息平台的满意度入手，而信息质量、系统质量和系统质量是提高用户满意度的重要手段。此外，还要关注使用经验对服务质量与满意度关系的调节作用，针对不同使用经验的用户提供差异化的服务。具体而言，我们对农产品流通信息平台提出以下三个方面的意见和建议。

第一，农产品流通信息平台应高度重视并不断提高用户的满意度。用户满意度在提高农产品流通信息平台使用倾向上具有重要作用，因此农产品流通信息平台不仅要做好平台的开发与建设工作，还要增强对用户满意度的重视。首先，在信息系统的开发和更新中，应该密切关注用户的需求，通过调查、访谈等多种形式了解用户对信息平台的真正需求，使信息平台能够更好地满足用户的需要，进而提高满意度。其次，在农产品流通信息平台的运行过程中，应将用户满意度作为各部门考核的重要指标，切实保证整个平台的运行以提高用户满意度为目标。最后，农产品流通信息平台还应为用户提供电话、网页、微信等多种联系方式，了解农户对信息平台的意见和建议，并积极做出反馈，解决用户在使用中遇到的问题。

第二，通过提升农产品流通信息平台质量来提升用户满意度。本文的研究结果表明，农产品流通信息平台的质量对农民满意度具有重要的影响，尤其是信息质量和系统质量的影响更大。为了提高用户的满意度，可以从以下三个方面入手：①农产品流通信息平台的系统质量是整个信息平台正常运行的基础，只有高质量的信息系统，才能使用户能够可靠有效地使用。首先，农产品流通信息平台的系统应该简化操作流程，降低新用户的学习成本，易于用户操作。其次，用户界面设计应该导航清晰，美观且有吸引力。最后，系统运行应稳定，减少系统出错或崩溃的概率。②农户使用信息平台的一个重要目的在于利用信息平台提供的信息指导生产经营活动，因此农产品流通信息平台的信息质量非常重要。农产品流通信息平台应该加强与合作社、农产品批发市场、农贸市场等相关组织的联系，增强相关信息的数据采集能力。同时，农产品流通信息平台对于所提供的信息，应严把质量关，及时更新，将农产品实时的价格、供求、政策等信息，准确全面地传递给用户，以帮助农户做出科学的生产经营决策。③针对农户信息技术能力较低的问题，提高服务质量，帮助农户掌握使用农产品流通信息平台的能力。农产品流通信息平台应该提供电话、QQ、微信、网页等多种沟通方式，方便用户反馈使用中遇到的问题。此外，还应在用户遇到问题时，提供及时的个性化服务。

第三，使用经验在农产品流通信息平台的服务质量与满意度的关系中具有负向调节作用。这说明，刚开始使用农产品流通信息平台的用户，更加重视农产品信息平台的服务质量。因此，对于农产品流通信息平台而言，在服务质量方面应该对新用户给予更多的关注。首先，信息平台可以根据用户的注册时间、访问次数等数据对用户进行分组，识别出需要在服务质量上给予更多关注的使用经验较少的用户。其次，将以往用户在使用信息平台时遇到的问题和对应的解决方案整理成知识库，采用常见问题列表、系统使用指南等形式，并借助动画、图片、视频等便于理解和学习的方式推送给使用经验较少的用户。同时，对这些用户的访问界面进行定制，方便他们找到这些使用帮助和指南。最后，在信息平台在各地推广的初期，可以开展一些线下的培训和指导工作，为用户提供有针对性的服务和帮助，使他们尽快掌握使用农产品流通信息平台的相关技能。

5.3 研究局限与未来研究方向

本文的研究局限和未来研究方向主要包括以下三点。

第一，农产品流通信息平台的用户除了农户外，还有农产品批发商、运输商、零售商等农产品渠道主体。本文仅从农户的视角出发，分析了我国农产品流通信息平台的质量维度与农户满意度、使用倾向之间的关系，揭示影响农户使用信息平台的关键质量维度，并考察了使用经验对信息平台质量维度与满意度之间关系的调节效应。后续还可以从其他主体的角度出发，分析其他类型的用户在农产品流通信息平台使用中的关键质量维度及使用经验的调节效应。

第二，本文中信息平台的持续使用只关注了用户的意向，而非真实的持续使用行为。未来研究可以考虑将数据抓取与数据挖掘方法应用于信息平台使用的研究，通过提取多时期的用户使用数据，分析使用倾向与实际使用行为之间的关系，以及实际使用行为背后的影响机理。

第三，本文在信息系统成功模型的基础上，分析了如何提高我国农产品流通信息平台的用户满意度，并进而实现信息系统成功的问题。但实际上，我国的农产品流通信息平台也存在严重的用户规模小、使用率低的问题，因此，后续可以在技术接受模型的基础上，探究制约我国农产品流通信息平台采纳的因素，并提出对策建议。

参 考 文 献

[1] 孙倩，穆月英. 我国蔬菜价格波动、原因及其影响因素分析[J]. 农村金融研究，2011，（8）：21-26.
[2] 崔雪冬. 完善农产品流通信息服务体系的对策探讨[J]. 农业经济，2012，（6）：117-119.
[3] 刘孝国，丰烨，田晶，等. 吉林省农产品流通信息服务模式研究[J]. 安徽农业科学，2011，（32）：20256-20258.
[4] 胡艺峰，张友华，李绍稳，等. 基于 RFID 技术的农产品流通信息系统研究[J]. 数字技术与应用，2011，（5）：63-64.
[5] 资武成，廖小刚. 供应链管理视角下我国农产品流通中信息服务模式研究[J]. 物流科技，2011，（5）：18-20.
[6] 张振文，谭欣，陈培荣. 我国农产品物流信息平台建设现状、问题与对策[J]. 中外企业家，2014，（31）：21-23.
[7] Delone W H, Mclean E R. Information systems success: the quest for the dependent variable[J]. Information Systems Research, 1992, 3（1）: 60-95.
[8] Delone W H, Mclean E R. The DeLone and McLean model of information systems success: a ten-year update[J]. Journal of Management Information Systems, 2003, 19（4）: 9-30.
[9] Reeves C A, Bednar D A. Defining quality: alternatives and implications[J]. Academy of Management Review, 1994, 19（3）: 419-445.
[10] Gorla N, Somers T M, Wong B. Organizational impact of system quality, information quality, and service quality[J]. Journal of Strategic Information Systems, 2010, 19（3）: 207-228.
[11] Jiang J J, Klein G, Carr C L. Measuring information system service quality: SERVQUAL from the other side[J]. MIS Quarterly, 2002, 26（2）: 145-166.
[12] 周涛，鲁耀斌，张金隆. 移动商务网站关键成功因素研究[J]. 管理评论，2011，23（6）：61-67.

[13] Chen C D，Cheng C J. Understanding consumer intention in online shopping：a respecification and validation of the DeLone and McLean model[J]. Behaviour & Information Technology，2009，28（4）：335-345.

[14] Gelderman M. Task difficulty，task variability and satisfaction with management support systems[J]. Information & Management，2002，39（1）：593-604.

[15] Wu J H，Wang Y M. Measuring KMS success：a respecification of the DeLone and McLean's model[J]. Information & Management，2006，43（6）：728-739.

[16] Palmer J W. Web site usability, design, and performance metrics[J]. Information Systems Research, 2002, 13(2): 151-167.

[17] Petter S，Delone W，Mclean E. Measuring information systems success：models，dimensions，measures，and interrelationships[J]. European Journal of Information Systems，2008，17（3）：236-263.

[18] Urbach N，Smolnik S，Riempp G. An empirical investigation of employee portal success[J]. The Journal of Strategic Information Systems，2010，19（3）：184-206.

[19] Hsieh P A，Wang W. Explaining employees extended use of complex information systems[J]. European Journal of Information Systems，2007，16（3）：216-227.

[20] 刘鲁川，孙凯. 基于扩展 ECM-ISC 的移动搜索用户持续使用理论模型[J]. 图书情报工作，2011，（20）：134-137.

[21] 刘子龙. 3G 移动服务用户采纳行为研究：不同经验的调节作用[J]. 经济管理，2012，（4）：172-181.

[22] 马钦海，赵佳，张跃先，等. C2C 环境下顾客初始信任的影响机制研究：网上购物经验的调节作用[J]. 管理评论，2012，（7）：70-81.

[23] Taylor S，Todd P. Assessing IT usage：the role of prior experience[J]. MIS Quarterly，1995，19（4）：561-570.

[24] Venkatesh V，Davis F D. A theoretical extension of the technology acceptance model：four longitudinal field studies[J]. Management Science，2000，46（2）：186-204.

[25] Au N，Ngai E W T，Cheng T C E. Extending the understanding of end user information systems satisfaction formation：an equitable needs fulfillment model approach[J]. MIS Quarterly，2008，32（1）：43-66.

[26] Teo T S H，Srivastava S C，Jiang L. Trust and electronic government success：an empirical study[J]. Journal of Management Information Systems，2008，25（3）：99-132.

[27] Podsakoff P M，Mackenzie S B，Lee J Y，et al. Common method biases in behavioral research：a critical review of the literature and recommended remedies[J]. Journal of Applied Psychology，2003，88（5）：879-903.

[28] Fornell C，Larcker D F. Evaluating structural equation models with unobservable variables and measurement error[J]. Journal of Marketing Research，1981，18（1）：39-50.

[29] Chen C W. Impact of quality antecedents on taxpayer satisfaction with online tax-filing systems—an empirical study[J]. Information & Management，2010，47（5）：308-315.

Impact of Quality Antecedents on End User Satisfaction —Moderating Effect of Experience

XU Jian，WANG Pan，LV Chengshu

（School of Management Science and Engineering，DUFE，Dalian 116025，Liaoning，China）

Abstract In recent years, the amount of agricultural products circulation information platform grows quickly. However, these information platforms face severe challenges such as small number of end user, low frequency of use. To succeed in the promoting the application of these information platform, it is vital to understand user satisfaction. Based on the information system success model, we explored the impact of service quality, information quality and system quality on satisfaction, and examine the moderating effect of experience. We conduct data analysis with partial least squares（PLS）structural equation model. The results show that service quality, information quality and system quality have a significant positive effect on end user satisfaction. Furthermore, experience negative moderates the influence of service quality on satisfaction. Based on the findings，implications for agricultural products circulation information platform are discussed.

Key words　Information system success model，Service quality，Information quality，System quality，Satisfaction

作者简介

徐健（1979— ），男，东北财经大学管理科学与工程学院教授，湖北襄阳人，研究方向：信息管理、网络营销和农产品流通渠道。E-mail：xujian@dufe.edu.cn。

王盼（1990— ），女，东北财经大学管理科学与工程学院 2014 级硕士研究生，研究方向：信息管理。E-mail：zhoumwang@126.com。

吕成戍（1979— ），女，东北财经大学管理科学与工程学院讲师，黑龙江大庆人，研究方向：信息管理、电子商务。E-mail：lvcs@163.com。

从新进入者到领先者——基于关系管理的平台创新*

栾世栋，晏梦灵，李昶，董小英

（北京大学 光华管理学院，北京 100871）

摘　要　电子商务企业作为零售行业的新进入者，虽有广阔发展前景，却面临着来自传统线下零售商和同类电商企业的激烈竞争。电商企业如何完成从新进入者向行业领先者的转变，是本文关注的研究问题。通过对京东商城的单案例研究，本文揭示了案例企业根据内外部环境条件动态调整其外部关系管理策略，结合外部资源实现平台创新的演化历程。本文丰富了新进入者的研究视角，将研究重心从内部产品技术创新拓展到外部资源整合。同时，京东的外部关系管理策略及其动态演化路径可以为其他企业带来实践启示。

关键词　新进入者，电子商务平台创新，厂商关系管理，消费者关系管理

中图分类号　C939；C931.6

1　引言

　　进入 21 世纪，中国互联网的发展取得了举世瞩目的成就，网络平台模式开始涌现并重塑传统行业的商业模式和竞争格局。在零售行业中，电子商务企业通过搭建网络平台改变了以往商品交易的方式，将传统厂商产品和消费者需求高效匹配，同时降低双方的交易成本[1]。然而这些电商企业的成长并非一帆风顺，始终处于激烈的竞争环境中，主要体现在两个方面：首先，电商企业要和传统零售商争夺供应商和消费者，来自传统零售渠道的抵抗成为了电商企业发展初期的重大阻碍因素[2]；其次，电商平台的进入壁垒较低，导致供应商和消费者可以自由选择平台进行交易，这对于构建可持续的电商平台是巨大的挑战[1]。

　　在高度竞争和复杂的商业环境中，电商企业急需切实可行的方法进入零售市场并取得领先地位。新进入者理论指出，初创企业从新进入者转变为市场领先者，创新是关键[3]。初创企业一般具有技术先进、组织灵活性等优势[4, 5]，更容易通过产品创新来完善和拓展市场格局[6]。该观点主要关注企业内部要素，探讨如何利用技术、知识、组织等实现创新并获得竞争优势[7]。虽然有学者强调外部资源（如市场信息）对于初创企业的重要性，但缺乏探讨如何利用外部资源实现自身发展[8]。新进入的电商企业缺乏充足的内部资源，在资源配置和市场运作上难以和传统零售商抗衡。但互联网赋予电商企业新的潜能，电商企业在企业间、企业和消费者间的信息沟通与交互上具有明显优势，具备拓展对外关系的空间和潜力[9, 10]。通过利用互联网优势，将外部客户资源转化为企业创新的内在要素，成为电商企业实现自身竞争优势的重要途径。互联网为企业竞争提供了新的选择，也为新进入者理论提供了拓展研究视角的机会。因此，除了发展内部资源和竞争力外，如何充分调动互联网资源，通过与其他网络成员合作构建独特的竞争优势，是电商领域需要深入研究的课题[10, 11]。

　　实践表明，电商企业通过搭建互联网平台，吸收和利用平台中的资源加速自身成长，有助于实现

──────────

*　基金项目：国家自然科学基金资助项目（71371017）、2015 年国家知识产权局委托研究项目。

　　通信作者：董小英，北京大学光华管理学院，副教授，E-mail：dongxy@gsm.pku.edu.cn。

对传统零售商的"弯道超车"。厂商和消费者是主要的平台相关利益者，其在平台中的互动关系和价值创造方式，影响了电商企业的价值和竞争力。首先，平台中的消费者和厂商可以形成直接或间接的网络效应，电商企业的竞争力随平台成员数量增加而提升[1]；其次，平台成员可以帮助电商企业更快速地把握市场需求，进而提高对市场的响应能力[10]；最后，平台中消费者和厂商都有潜力成为价值输入方，为电商企业进行产品或服务创新提供价值[12]。因此，拓展平台的成员规模，构建动态的成员关系网络，形成以消费者和厂商为创新驱动力的新型平台模式，对于电商企业的成长至关重要。在对电商平台的研究中，尽管已有文献充分肯定"利用价值共创促进电商平台发展"这一观点[13]，但大量研究聚焦于平台成员在电商平台发展中的作用，如亚马逊平台成员的多样化需求促进了亚马逊商业模式的进化[14]，阿里平台中成员网络交互方式提升平台的敏捷性[10]。而现有研究较少关注电商企业如何吸引和聚集外部成员，缺乏对其在不同发展阶段，通过外部关系管理策略获得新的竞争优势的系统化的梳理和研究，难以解释电商企业在激烈竞争中的发展过程。因此，探讨电商企业如何在激烈的竞争环境中吸引外部成员加入自身网络，通过新型平台模式形成有别于传统业态的竞争优势和可持续发展能力，对于研究互联网环境下的企业竞争和创新有着重要意义。

在本文的研究视角中，关系管理有助于组织识别，建立和协调与其他市场成员之间的交互关系，获得有价值的互补性资源[15]。企业通常采取多种关系管理策略构建与厂商长期和深层的合作，如通过事前事后的监管来增强企业对流程的管控[16]；通过惯例化的沟通机制降低双方的信息不对称[17]；通过协同合作促进产品和流程的创新[18]。随着消费者的地位提升，组织也不断提高对消费者的服务水平，如凭借信息技术准确定位目标消费者，开展个性化服务以提升消费者的购物体验[9]，甚至结合供应商等其他网络化资源为消费者创造价值[19]。此外，关系管理策略还会根据内外环境的变化进行调整，逐渐深化平台成员间的关系，推动平台商业模式创新[20]。因此，识别电商平台的关系管理策略及其演化过程，有助于我们在理论和实践层面更好地理解电商企业取得竞争优势的过程。

本文通过对京东商城的深度案例研究，主要解决下列问题：①电商企业如何利用厂商、消费者资源推动平台创新，逐步实现从新进入者向领先者的转型；②电商企业结合厂商、消费者资源，如何实现区别于原有价值创造方式的平台创新；③电商企业在发展过程中，如何构建、发展和深化与厂商、消费者的关系，从而实现对厂商、消费者资源的整合和利用。

2 文献综述与研究框架

2.1 从新进入者到领先者的研究

传统零售市场的进入门槛较低，存在极其丰富的细分领域，而且消费者数量众多，偏好各异。根据Clemons 和 Thatcher[21]对"新兴脆弱市场"的定义，互联网初期的零售市场属于易受新技术企业"攻击"的脆弱市场。21世纪初，许多互联网企业（如阿里巴巴、京东）进入零售行业，试图凭借互联网为传统厂商和消费者提供更多价值。在新进入者理论看来，新兴企业的内部优势是最终取得竞争优势的重要因素，如在技术上具有强烈的探索试错能力和敏感度[3]，在组织上没有内耗和内部争斗，有动力向高风险、高回报的技术投资[7]。

然而，零售行业的传统垄断者掌握着大部分市场和厂商资源，具有先发资源优势。为了维护自身利益，行业的现任者（如国美、苏宁）往往利用已有资源进行防御，如和合作厂商签订排他性供应合同阻碍其加入电商平台。对于新平台企业而言，除了组织内部的优势外，更需要强调如何发展平台的外部关系[21]。Zott 和 Amit[22]提出，初创企业的关注焦点需要从内部设计转移到外部关系交互上，通过管理企业的外部交互模式来增加商业价值。平台战略领域的学者提出了平台企业的竞争路径，认为平台企业可以采用"大而快"策略扩展平台规模[23]，即利用具有吸引力的特征（如低价）快速吸引新成员加入平台，并通过个性化服务来锁定这些成员。为了扩大平台的领先地位，平台管理者还需要扩充产品和服务的多样性，鼓励产品提供者（即厂商）创新，并为他们简化商业模式，帮助其快速实现利润回报[24]。平台管理者利用整个商业生态系统的资源可以获得敏捷性，更快速地预测和满足市场需求[10]，甚至提供增值产品或服务[25]。因此，在企业外部资源日益受到重视的情况下，电商企业借助平台中的资源形成有别于竞争对手的价值创造方式，以平台创新实现差异化竞争，成为业界和学者们共同关注的话题。

2.2　电子商务平台创新

凭借互联网优势，电商企业有潜力利用平台成员资源，产生差异化的价值创造方式，实现对竞争对手的超越[26]。电商平台已经演变成由市场中多个独立成员构成的新型经济体[27]，促进市场中分散资源的交互，将消费者和其他利益相关者融入价值共创的情境中，为开放式创新提供环境[18]。因此，创新的含义不断被拓宽，不再单纯指组织应用新方法创造新的产品或服务，也包括组织创造商业价值的新逻辑和新流程[28]，如组织将生产者和消费者都加入研发流程中实现资源整合和价值共创[29]。基于此，本文认为：电子商务平台创新是指平台管理者拓展内外部资源交互的广度和深度，改变平台中商品研发、生产、交易和服务的流程与方法，联合厂商、消费者利用信息资源共同创造新的商业价值。

电商企业在将厂商和消费者资源整合到价值创造的过程中，实现了思维逻辑和商业模式上的变革。Srivastava 和 Shainesh[12]认为互联网平台创新体现在组织主导逻辑的转变上。以往企业将产品交付过程视为价值的主要来源，电商平台仅仅是一个数字化中介商，将厂商的商品信息发布在网页上，供消费者搜索比较[20]，节省了信息搜寻成本，提高了交易的便利性[30]。随着电商平台支付、物流、售后等功能不断完善，其便捷、低价等价值逐渐被感知，越来越多的消费者和厂商加入电商平台中，形成了平台成员之间互相促进的良性循环，产生强大的交叉网络效应[30,31]。这实现了产品主导逻辑向服务主导逻辑的转变，平台管理者开始注重对用户资源的深度开发，通过引导用户参与，促使彼此资源频繁交互，激发更多潜在商业价值[12,28]。在新的逻辑指引下，平台价值不再单纯依赖信息技术提供的便利，更多来自平台成员间的信息交互，使传统零售行业中厂商向消费者的单向信息流动，逐渐转变为厂商与消费者之间双向信息交互[32]。因此，电商平台的商业模式发生了巨大变化，形成以平台多方成员共同参与的协同创新和价值共创模式[33]，为电商企业带来了更多价值和竞争力。

通过对平台创新的文献回顾，本文发现平台成员的价值引起了学者们广泛重视，维持积极的成员交互关系被视作平台创新的关键成功要素之一[34]。然而，对于如何吸引成员加入平台，构建积极活跃的成员交互关系，目前鲜有学者进行实证性探究，难以深入解读电商企业的创新和竞争策略。

2.3　关系管理理论

关系管理理论有助于解释商业关系的构建和发展过程[35]。关系管理的目的是帮助企业识别、建立和协调与其他市场成员之间的交互，获得有价值的互补性资源，如先进的技术、分销渠道和消费者资源[15]。通过识别、培养和管理这些关系，新企业才可能与厂商、分销商和消费者建立长期的合作[36]。电商平台中买卖双方的活跃度有助于平台的可持续发展[37]。因此，本文通过关系管理的视角，分析电商企业如何构建、发展和调整与其他成员的关系，通过设计多方成员参与的新型价值创造模式，实现平台创新和自身发展。

在厂商关系管理领域，经济学家将关系管理视为一种控制机制来管理厂商的投机行为，目的是降低企业的治理成本和不确定性[16]。例如，通过厂商筛选机制评估厂商在产品质量、交付和服务等方面的能力[17]，通过设立事前事后的监管制度来增强企业的管控能力[38]。除了控制机制，Das 和 Teng[17]提出了信任对于厂商关系管理的重要意义。通过分担风险、主动交流、文化融合等方式，企业与厂商可以形成更深层次的合作关系，如电商模式下的供应链协同[39]。信任机制有助于企业双方降低信息不对称，快速解决纠纷，建立长期合作关系[17]。随着技术和市场快速发展，市场响应速度和产品创新能力越发重要，这对平台企业和厂商合作关系提出了新的挑战，开放式创新的概念受到更多关注[18]。开放式创新是指平台企业与合作伙伴共享互补性资产实现创新，这为双方的关系管理提出了新方向，如电商企业可将消费者反馈更快地分享给厂商，在反馈速度上优于传统零售商，有利于厂商及时优化产品[40]；电商企业通过对市场信息的分析和预判，有助于提升供应商的研发和生产效率，最终为平台增加价值[39]。尽管上述文献提供了重要观点，但是对于电商企业如何在动态环境中，从一个新进入者通过构建和拓展厂商关系演化成行业的领导者，仍然缺乏系统研究，有很多问题尚未解决。例如，Cennamo 和 Santalo[23]发现，当平台尚未占据市场主导地位时，如果向产品提供者实施严格的供应合同（如签订排他性协议），会造成厂商的抵抗。

在消费者关系管理领域，学者们认为企业的关键不是销售产品，而是为消费者提供价值以满足其需求[19]。早期研究者重点关注企业如何吸引和锁定消费者。为了与消费者保持持续的商业关系，企业可用多种措施快速准确地了解消费者需求，如培养组织的市场导向[41]、开发基于市场的学习能力[42]等。互联网的出现促进了企业和消费者之间的高效信息交互，因此个性化服务等概念逐渐流行，关系管理的焦点转换为提升消费者的购物体验[9]。企业借助专门的信息技术［如 CRM（customer relationship management，即客户关系管理）系统］，可以更简单高效地对消费者行为数据进行获取、存储和分析，通过个性化交互、消费者细分等活动来加强与消费者的关系[43]。随着商业关系的复杂化，企业拥有了更多网络资源来服务于消费者，进而出现了网络化营销模式[19]。网络化营销认为，消费者关系不能局限在对消费者的关注上，还应该贯穿于组织的所有流程中，将企业整个价值链与消费者整合到一起，利用供应商资源和其他消费者资源，为特定消费群体创造价值[44]。Piercy[45]提出，将消费者关系管理与厂商关系管理进行结合，有助于培养组织的创新能力和敏捷性。电商平台作为厂商与消费者信息聚合、交互和利用的独特场所，有条件也有能力将厂商和消费者需求进行整合和挖掘，从而实现平台管理者、供应商和消费者价值的统一[9]。

2.4　研究缺口和研究框架

已有研究有助于理解电商企业在平台构建中的重要作用，但是对于企业如何构建并促进电商平台的创新，目前仍存在研究缺口。

第一，以往的新进入者理论和研究集中在初创企业的内部创新，尚缺乏如何将整合外部资源作为创新切入点的研究。在文献回顾中，学者们大都围绕产品创新、知识创新等组织内部创新机制展开探究，同时分析了新进入者企业如何利用新能力和新方法实现对现有企业的冲击[3~5]。在本文中，初创的电商企业资源相比传统零售巨头资源匮乏，在传统零售规则下难以通过内部创新实现超越。因此，需要从新的视角分析电商企业如何成功生存并实现平台创新，最终完成从新进入者到领先者的转变。

第二，电商企业与厂商、消费者形成的平台创新机制和逻辑尚不明晰。现有研究者虽然提出了新型主导逻辑下的平台商业模式，但是对于平台的价值创造方式依然缺乏实证性的分析[32]。本文将分析平台管理者对于平台成员关系的设计和管理如何改变平台上买卖双方交易的逻辑和流程，并详细阐述电商平台的新型价值共创模式。

第三，关系管理研究多是从静态的视角分析电商企业与外部成员的关系[9, 37, 39]，难以回答企业的发展水平对实施关系管理策略带来的影响，缺乏对企业关系管理策略演变过程的全面理解[23]。本文采用动态演化视角，分析电商平台管理者在外部环境变化的情况下，如何根据自身定位调整关系管理策略来加强与厂商和消费者的交互方式，从而更深入地阐述电商平台的创新和发展过程（图1）。

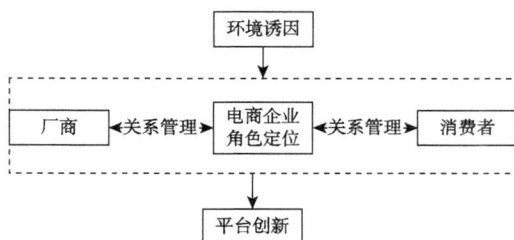

图1　初步研究框架

3　研究方法和数据来源

本文采用单案例研究方法对电商企业的角色演化过程加以深入探究，主要原因如下：首先，案例研究适合回答"怎么样"的问题，因此探究电子商务平台构建过程中的关系管理路径和角色演化是较为适用的；其次，单案例研究特别适合探索长期的复杂的现象或较少被研究的领域。所以，选择有代表性的案例进行深度研究有助于发现企业发展过程中复杂的电商角色演化和平台创新过程。

在案例对象的选择上，本文选择中国B2C（business-to-customer，即商家对个人）行业的领军企业——京东商城电子商务公司作为案例研究对象，主要基于以下考虑：①京东商城自2004年成立以来，已经从新进入者成长为国内零售行业的领先者之一；②京东商城通过构建互联网平台，注重与厂商、消费者交互，在关系管理方面做了很多工作。因此，本文选取的案例带有典型性的特点，对分析电商平台的创新和发展具有独特的研究价值和启示意义[33]。

3.1　深度访谈

项目组从2013年10月开始对京东商场进行调研，至2014年3月，共赴京东进行3次深入调研，访谈了9名中高层经理，访谈时间累计达13.63小时。研究人员对所有访谈和讨论进行了录音，整理成文本20余万字。被访谈的9名中高层经理分别在京东不同发展时期入职，在京东历史最悠久的3C［计算机（computer）、通信（communication）和消费电子产品（consumer electronic）三类电子产品的简称］事业部任职（详见附录1），对于京东平台的发展过程有最直观的体会；另外，所有访谈对象均负责与厂商或消费者有关的管理工作，能够从京东关系管理演化过程的视角为本文研究提供全面翔实的信息。

3.2　多种数据渠道来源进行三角验证

除正式访谈，本文还借助其他渠道验证访谈数据的客观性，如从京东商城官网、中国知网、新闻媒体等进一步搜集与京东发展历程和关系管理策略相关的资料，主要包括：①二手资料，如官网资料、文献、新闻报道及管理者专访等，构成本文的补充资料。②非正式交流。研究团队和京东商城副总裁孙加明及采销团队员工进行非正式访谈，加强对企业的直观了解。③实践体验。研究人员参观采销团队的工作场所和讨论室，并亲身体验京东的产品和售后服务。通过上述方式，对访谈对象的部分回答内容进行真实性验证。

3.3　数据编码与分析

本文遵循探索式研究方法的编码思路[46]，采用开放式编码形式对案例数据进行分析。首先，数据获取与编码过程，采用事件编码规则对数据采集和入库，将访谈数据按照"原始资料"、"一级编码"和"二级编码"的方式存储。其次，对案例数据进行分析，形成案例阶段划分和逻辑构建；最后，按照划分阶段逐一开展过程分析，得到各阶段基于关系管理的平台创新过程。编码过程有 3 位编码人员对数据文档进行阅读和分析，从中提炼主要概念，梳理概念之间的逻辑关系并集体讨论分析形成统一的编码结果。编码过程中针对意见不一致的地方，一位成员提出某观点，其他成员充当支持者或反驳者，双方不断进行验证和补充，直到团队研究成员达成一致意见。数据编码示例如表 1 所示。

表 1　案例数据编码示例

原始资料	一级编码	二级编码
因为我们还有店面，就是鼎好 4807 柜台。我们那时候呢，出去主要是以这个鼎好 4807 柜台为据点（高级经理 D，2013-10-30）	传统零售基础	内部环境
我们那个时候其实经营状况不太好。因为没有自己的供应链，所以我们只能是在中关村柜台炒货（即买单卖单，牟取差价）（高级经理 D，2013-10-30）		
那时候最早做的是电脑产品加刻录机，公司是在中关村起家，所以公司对整个电脑市场还是非常的熟悉。（总经理 Z，2014-03-04）		

4　案例描述

京东商城 2004 年年初涉足电子商务领域，首先开展 3C 产品的线上销售。经过长期的快速发展，如今京东商城已经成为了在线销售 3C、家电、服装、书籍、奢侈品等 13 大类 3 150 万种商品的综合性网络零售企业。2014 年 4 月京东商城正式进行分拆，其中包括两个子集团、一个子公司和一个事业部，涉及金融、拍拍及海外业务。2014 年 5 月 22 日，京东集团正式在纳斯达克挂牌上市。根据京东平台的业务扩张过程，可以将京东平台的发展划分为三个阶段，第一阶段为起步成长阶段（2004~2007 年），自成立以来主营 3C 类产品，属于垂直电商；第二阶段以京东获得首批融资为标志，进入快速发展阶段（2007~2011 年），引进图书、食品等多种产品类别，发展成为全品类电商；第三阶段为整合拓展阶段（2011 年至今），从 2011 年上线京东大数据平台开始，京东加强了对订单交易、仓储物流等数据的利用，并基于数据拓展平台业务，如打造自有品牌、O2O（online to offline，即线上线下电子商务）等，将单纯的交易平台升级为面向厂商和消费者的综合服务平台。

4.1　起步成长阶段：2004~2007 年

4.1.1　环境诱因

京东的前身是中关村实体零售商，积累了一定经验和资源，为京东开展网上零售提供基础。"最早做的是电脑产品加刻录机，公司在中关村起家，所以公司对整个电脑市场还是非常的熟悉"（总经理 Z，访谈听打第 1 页）。京东通过 SARS 时期在网上论坛销售商品的经历，认识到网络零售是一个低成本、高效率的商业模式，为京东开展电子商务也提供了经验和信心。然而，京东在利用互联网扩张经验范围时，遇到了传统零售商的强烈抵制。"我们（京东）进入家电领域的时候，国美、苏宁也给我们施压，就跟商场说你不能给他做（供应）"（高级经理 D，访谈听打第 8 页）。此外，消费者和供应商对电子商务缺乏了解，主要依赖实体交易方式，对京东拓展市场造成了挑战。

4.1.2　角色定位

基于外部环境为京东发展带来的阻碍，京东在初期扮演交易中介者角色，不对厂商和消费者的行为做过多控制，单纯为双方进行商品信息传播和产品实物交付提供服务。"当时我们对电商没有很了解，单纯就想怎么来把这个产品卖到客户手中"（总经理 Z，访谈听打第 3 页）。通过提供信息中介，京东降低消费者对产品和厂商的搜寻成本，降低中小型厂商市场拓展的成本，提高产品送达市场的速度；通过提供商品中介，京东使消费者享受货到付款的便利，使厂商享受到直达消费者的交付过程。

4.1.3　关系管理

京东作为新进入者，意识到厂商和消费者对于新兴企业的主要顾虑是信任问题，供应商对于电子商务缺乏了解，也没有强烈好感，消费者虽有好奇心理但仍存顾虑。为吸引厂商和消费者加入平台，京东采取了多种措施，具体如下：在供应商方面，京东先从较弱小的供应商入手进行谈判，弱小企业缺乏强有力的销售渠道，因此对电商模式比较容易尝试和接纳；同时，他们还选择对新技术和新渠道比较敏感的企业合作（如联想），降低双方合作的门槛。在取得一定成绩之后，再与大中型供应商谈判，用成功的案例去说服他们。京东在合作过程中保持低姿态，主动沟通、礼貌相待，力求与供应商保持良好的沟通和合作关系。在利益分享上，京东坚持按期清账的原则，缓解厂商的资金周转压力，树立了值得信赖的形象。此外，京东还注重价值共享，通过自身不断积累有价值的电商零售模式，为厂商的产品销售策略提供建议。

"我们从联想的合作中看到了线上线下差别定价对供应商的价值，开始向其他笔记本供应商说差别定价的好处，渐渐说服其他笔记本供应商"（高级经理 D，访谈听打第 13 页）。

在消费者方面，京东为了吸引消费者并打消其顾虑，一方面，通过低价诱惑京东激发消费者网上购物的动机。

"我一直规定这个产品不能高于多少钱卖，要高于多少钱卖了以后被罚。低了没关系，只要不赔钱，高了不行"（CEO，2007 年搜狐访谈）。

另一方面，京东尽力去减少消费者对于京东网购的顾虑。例如，京东很早就推出了"货到付款"的政策，让消费者在看到实物后再决定是否付款。此外，京东管理者通过与消费者进行直接交流互动来了解消费者需求。

"我们会通过一些论坛跟客户聊，有客户觉得我今天需要一个刻录机，什么牌子的，明天可能他还需要一个 CPU（central processing unit，即中央处理器），后天他可能需要一个内存"（总经理 Z，访谈听打第 2 页）。

4.1.4　平台创新

京东利用互联网优势对传统零售链条进行优化和精简，促使平台成员间的交互更加便捷迅速，商品能够高效快速地从供应商向消费者进行传递，即图 2 "厂商→京东→消费者"中的实线箭头。一方面，电商企业利用互联网突破了地域的限制。以往京东只能依靠中关村的实体店进行销售，而在网络平台上，京东可以将产品销售给更大范围的消费者，也吸引了更多供应商加入该平台。另一方面，通过精简供应链条，京东平台取代了传统分销商、代理商等中间环节，加速了商品流通速度，节省了流通成本。供应商发起的打折、返利等活动也可以直接通过京东网页传递给消费者，拉近了供应商与消费者的距离。

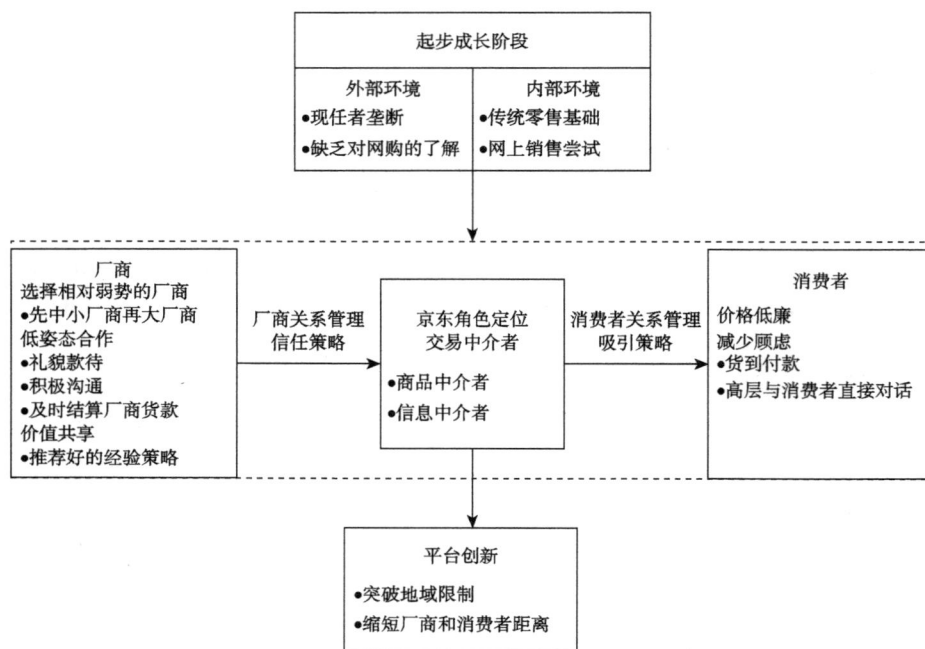

图 2　起步成长阶段的平台创新过程

在该阶段，厂商和消费者对电子商务模式尚未熟悉，京东缺乏充足的内外部资源，因此仅扮演厂商和消费者之间的交易中介者角色，逐步培养厂商和消费者的新型交易习惯。通过实施多种关系管理策略，京东逐渐获得厂商和消费者的信任，积累起一定数量的平台成员，一方面提高其在消费者市场中的知名度，另一方面依靠日益增多的订单量提升了其与厂商谈判的地位。与此同时，不断扩大的厂商和消费者规模对京东的平台管理能力提出挑战，而其他电商企业的崛起也使京东外部竞争环境日趋激烈，京东的交易中介者角色将无法适应环境变化，需要进一步调整角色定位来提升自身竞争力。

4.2　快速发展阶段：2007~2011 年

4.2.1　环境诱因

随着电子商务的快速发展，电商平台之间的竞争逐渐加剧，如价格低廉、种类繁多的 C2C（consumer to consumer，即个人对个人）淘宝平台，复制美国 B2C 运营模式的新蛋网，导致京东的竞争格局从与传统零售商开展竞争，发展为线上线下双重竞争。此外，购物体验成为消费者关注的焦点。价格竞争导致平台中出现了大量假货、次货，而物流效率低和售后服务差等也严重影响了消费者的购物体验。

在企业层面，自 2007 年起，京东连续获得多笔融资，为实现平台扩张奠定了资金基础。同时，京东在电子数码品类的成功运营为拓展其他品类提供了丰富的运营经验，其快速发展的销售能力也提高了与厂商的谈判地位。内外环境的变化，促使京东调整自身竞争策略，思考如何利用平台资源进一步提升平台竞争力。

4.2.2　角色定位

在这一阶段，为了规范平台的交易秩序，提高平台服务水平，京东开始调整角色定位，凭借不断提升的市场地位发展成为平台优化者，主要表现在以下方面。

（1）购物体验的提升者。京东根据消费者在网站上的反馈和点评信息，从消费者的需求出发，考虑其在所有环节上的购物体验。"我们在配送和仓储上花了很大力气，归根结底是为了提升用户体验，因为刘总特别注重客户体验"（高级经理 D，访谈听打第 5 页）。

（2）商品销售的监管者。为了保证平台中商品质量和供应水准，京东制定严格的监督办法，保证京东平台的商品正品率和现货率，努力打造京东平台的良好声誉。

（3）产品改进的督促者。京东通过销售系统和用户评价系统，对商品的使用情况有最直接的了解，并将有价值的信息反馈给厂商，督促厂商对问题商品进行改进。

4.2.3　关系管理

为了应对其他电商企业的竞争，京东决定在平台质量和服务体验等方面进行重塑。在供应商关系管理方面，京东开始实行严格的管控策略，确保平台商品质量和现货率。具体策略包括以下几个方面。

（1）对新进入供应商的选择制度。

"公司和供应商签合同有一个标准流程，包括注册资金、成立年限，这些是硬性规定，我们也会通过第三方公司去了解这个厂家的背景……我们自己也会做一些评测，产品经理会初步对这个产品进行评测，评测以后他认为是可行的，最后才会签合同"（产品经理 G，听打资料第 5 页）。

（2）对供应商产品和服务质量的严格要求。京东从送货的准确性、时效性及配合程度等多个方面对厂商提出要求，以保证产品的质量和现货率。

（3）与厂商的高效沟通机制。京东建立了更加深入的沟通制度，便于将商品销售情况和用户使用评价及时反馈给供应商，反馈的方式包括邮件、电话、会议等。

"整个沟通流程是我们规划好的……我今天发现了一个产品有哪些问题，以一封邮件的方式发给他们的市场部或者是产品部的人，包括销售，稍后会电话沟通"（产品经理 G，听打资料第 15 页）。

在消费者关系管理方面，京东将大部分资金用于提升消费者购物体验，培养消费者对于平台的黏性。在物流方面，京东建立了自营的物流体系，提出"211 限时达"；在网页展示方面，提出以销量为主导的产品排名算法，使产品展示更符合市场行情；在售后方面，建立商品官方授权的维修中心，使许多产品不需要返回原厂就可以短时间完成维修、换货等售后服务。除此之外，京东也注重与消费者的交互，利用更加完善的积分制度鼓励消费者对商品进行评价反馈，为监督和改进供应商的产品提供信息来源。

"我们有一些价格的监控，消费者会举报你们价格比某某平台高了 10 块钱、5 块钱等，我们都会第一时间去看"（产品经理 H，听打资料第 3 页）。

4.2.4　平台创新

京东在强化与厂商关系的同时，将平台增值的重点转移到消费者身上，注重对消费者资源的利用，通过收集消费者对产品和服务的反馈信息，帮助京东对厂商的产品和服务质量进行管控和优化。因此，消费者通过提供反馈信息成为了平台中新的资源输入源，即图 3 中"厂商←京东←消费者"的虚线箭头。京东平台提升了消费者在零售行业的地位，将零售模式从厂商为主导转为消费者导向，丰富了平台中的价值创造方式。通过关注消费者的购买评论和消费数据，京东联合厂商共同打造满足消费者需求的购物环境，改善了消费者的购物体验，改进了厂商产品和服务质量，并实现了京东的战略价值和竞争力。

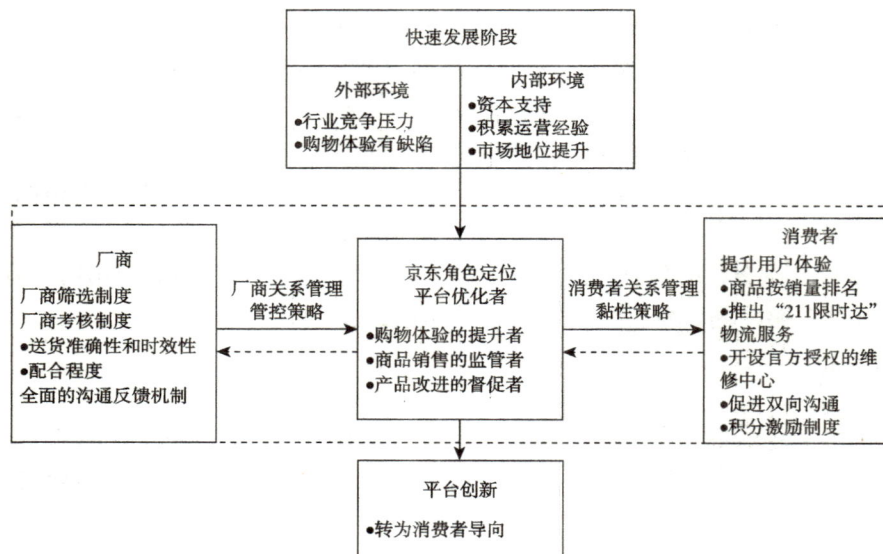

图 3　快速发展阶段的平台创新过程

在本阶段，京东加强了对厂商行为的管控，优化消费者购物过程中的各个环节，提升了消费者在零售行业中的地位，改变了厂商生产什么消费者就得买什么的现状，促使零售行业的服务模式转型为消费者导向。与此同时，京东也进一步扩大了对整个行业链条的影响力和控制范围，深入参与商品的买卖、交付、售后等过程，积累了大量厂商和消费者资源。然而，电子商务的蓬勃发展加剧了零售企业之间的竞争，价格战、促销战等造成企业间严重内耗。为了实现差异化竞争，京东需要思考如何提供其他竞争对手难以模仿的产品和服务。这促使京东进一步整合厂商和消费者资源，转变自身角色，为厂商和消费者提供更多增值服务。

4.3　整合拓展阶段：2011 年至今

4.3.1　环境诱因

京东已经发展成为中国第一大自营 B2C 平台，与 6 000 多家厂商保持直接供应关系，服务于大量消费者。然而，京东并没有摆脱与其他零售平台的激烈竞争，天猫、苏宁易购等 B2C 平台通过销售类似的商品争夺厂商和消费者。平台之间的竞争多是依靠价格战。为了实现领先地位，京东必须进一步发展差异化优势。

"我们发现竞争对手非常容易模仿我们，没有太多的成本，非常简单。我们推出的活动，他明天可能就复制这样一个活动。所以在这个领域当中呢，我们要保持这么大的竞争优势，甚至扩大我们的这个优势，就必须要去做一些超前的、创新的、别人难以模仿的事情"（高级经理 L，听打资料第 4 页）。

消费者对于新兴科技和文化的需求越加强烈，对产品的技术、外观、价格、工艺等都有个性化需求。传统的制造业为了紧跟市场步伐也不得不加快新产品的开发，但由于缺乏对市场的判断力，其需要与熟悉市场需求的企业进行合作，通过资源互补完成对产品的创新。

"这些生产型企业对于市场营销，他们不能说一窍不通吧，但是很不明白这中间的各种奥妙，或者换一种角度说，他们不了解客户"（采销经理 W，听打资料第 2 页）。

在内部，京东越发重视厂商和消费者为平台带来的价值。为了对厂商和消费者资源进行更深层次的利用，京东加速了对数据处理能力的塑造，在 2011 年上线京东大数据平台，加强对订单交易、仓储物流等数据的利用，并基于数据为平台成员提供多样化服务。基于此，京东对厂商和消费者资源的处理及利用能力进一步提升。

4.3.2 角色定位

为了实现平台差异化优势，京东进一步挖掘平台资源，将影响力向产业链的上下游继续拓展，逐渐转型为零售平台中的服务增值者，主要体现在以下方面。

（1）市场洞察者。京东通过对销售数据、消费者信息等数据进行挖掘，发现潜在的价值信息，分析市场偏好。京东还会通过媒体、技术展览会等渠道了解新技术发展现状。

（2）行业预判者。京东根据不同厂商的销售状况判断行业的竞争和发展趋势，并基于厂商的特点，为不同厂商寻找新的产品定位。

（3）创意提供者。京东向潜在消费者征集对预期产品的需求，从这些需求中汇总产品创意，并利用厂商资源，联合推出迎合消费者需求的新产品，并在京东平台专售。

4.3.3 关系管理

在这一阶段，京东开始注重对平台资源的深度整合，在消费者需求与供应商研发之间搭建桥梁。在厂商关系管理方面，京东凭借市场占有率和物流优势，进一步深化与厂商的合作，向厂商分享市场、产业、产品和消费者需求方面的信息，与厂商构建利益共同体的关系，这种关系的表现是联合研发与联合首发。联合研发是指京东根据市场调研和对消费者需求的把握，向合作供应商提出产品创意，主导产品的设计过程，厂商负责产品的制造。这使厂商的研发工作由组织内部转移到外部。联合首发是指京东不参与新产品的设计和生产过程，但与厂商签订协议获得最新产品的销售首发权。通过联合首发，京东锁定了许多具有潜力的新产品，吸引消费者在京东平台上购买。

"我们的这些供应商、合作厂商，他们每个人只做一部分组件，他们是形成不了这种合力。只有我们京东能够把他们所有的资源结合在一起去做这件事情"（采销经理 W，听打资料第 17 页）。

在消费者关系管理方面，京东与消费者建立社会化交互方式，借助信息技术和供应商资源为消费者提供服务。首先，京东通过产品评论、微博、邮件等多种渠道与消费者展开互动，获取消费者对于产品的偏好和需求。例如，京东在网上发布问卷汇总消费者对中低端手机的配置和外形预期，甚至连手机名称（东东枪）都是由消费者投票决定，进而与 TCL 联合推出了一款性价比较高的手机。其次，京东建立了基于大数据的智能决策系统"京东慧眼"，利用消费者数据生成"消费者画像"，从而了解各个细分市场的偏好和格局。这不仅为个性化精准营销提供了技术支持，而且有助于发现市场缺口，为联合厂商进行新产品创新提供想法和方案。

4.3.4 平台创新

在该阶段，京东利用强大的数据处理和分析能力，进一步加强了平台中资源交互的深度和广度，实现了以京东为核心的网络化结构，如图 4 中的弧形虚线箭头。京东作为网络核心节点，不仅完成与零售有关的物流和信息流的传递，而且还参与对市场趋势和技术动态等信息的集成与分享，完善和加速产品研发、生产、交易及创新的生命周期。平台的网络化结构，一方面促使京东更加准确有效地获取消费者数据，对市场趋势进行更准确的判断；另一方面对厂商资源实现了高效利用，促进厂商的响应和创新能力，也为厂商间的协同合作提供机会。

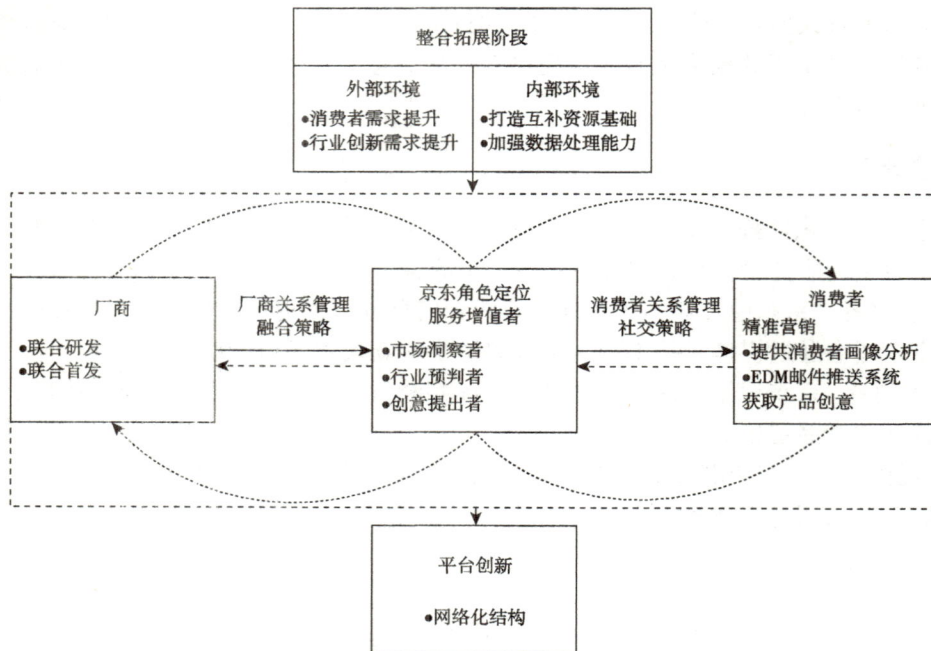

图 4　整合拓展阶段的平台创新过程
EDM：E-mail direct marketing，即邮件直销

"在这个生态系统当中，大家的生存状态都比较'健康'，厂商也有很好的利润去做更好的产品给客户，那我们跟厂商紧密合作之后，我们拿到更好的成本，我们不需要赚太多的钱，就能够让客户拿到更好的产品，那京东可能从中也能够获益"（高级经理 D，听打资料第 10 页）。

京东通过对厂商、消费者信息的挖掘和利用，参与产品研发、生产和市场营销等活动中，扩大了京东在整个产品生命周期的影响作用，甚至打造出京东自有品牌，培养了一批忠实厂商和消费者，从而实现其他平台难以模仿的竞争优势。京东与厂商、消费者形成的三方协同创新模式，有利于创造更符合市场需求的产品，甚至为今后研发个性化和智能化产品提供了重要基础。

5　案例分析和讨论

5.1　新进入者通过平台创新实现领先

随着商业实践和学术研究的深入，创新的含义不再单纯指组织应用新方法创造新的产品或服务，也包括开发新逻辑和新流程来创造潜在价值[28]。京东平台在将厂商和消费者资源整合到价值创造的过程中，实现了商业模式创新，并最终提升了自身竞争优势和市场地位。

在京东电商平台成立初期，京东将厂商和消费者聚集到互联网平台上进行交易。这种互联网平台改变了传统交易方式，为各成员带来了新的价值，如摆脱了地域限制、节省了各成员交易成本、加速了商品流通速度[9, 20, 37]。因此，作为新进入者，京东平台利用互联网优势实现了对零售模式的首次创新，通过低价、便捷等优势逐渐吸引了一部分消费者的青睐，并凭借日益增长的销量和可观的利润得到了厂商信任，从而在激烈的行业竞争中得以生存和发展。

随着京东平台的规模不断扩大，京东在行业中的谈判能力提升，有足够能力和资源进一步调整平台中的价值链条。京东开始关注对消费者资源的利用，通过整理和传递消费者反馈的信息，督促厂商改进产品和服务。这种变化提升了消费者在零售行业中的价值和地位，使消费者对产品和服务质量的反馈更快速地得到响应，保障和提升了平台的购物体验，为平台带来了良好口碑和影响力。因此，京东平台的价值链条转型为消费者导向，改变了厂商生产什么消费者就得买什么的零售模式[9, 37]，实现京东平台的第二次创新。京东平台基于消费者需求，提供质量可靠的产品和优质服务，并依靠自有物流体系实现快速配送，逐步树立起"多快好省"的品牌形象，在当时产品质量和服务水平难以保障的电子商务大环境中形成了独特竞争力。

随着电子商务模式的快速发展和服务质量的全面提升，京东为塑造差异化竞争优势，开始结合厂商和消费者形成网络化资源结构，为商品交易的上下游带来更广泛的影响。具体而言，京东听取和挖掘消费者信息并生成产品创意，预测市场趋势，并与厂商建立战略合作关系，共同研发和发售新产品，形成三方协同的网络化创新模式。京东平台各成员在共同的制度规范下形成的松耦合网络化结构，缩短了研发和市场的距离，为产品和服务创新提供了强大动力[47, 48]，从而实现平台的第三次创新。这次创新改变了生产者主导的产品创新流程，一方面使厂商获取源源不断的产品创意和市场前瞻，更好地为消费者提供服务；另一方面也创造出一系列京东平台专售的品牌和产品，提升平台成员的忠诚度，促使京东实现可持续的差异化竞争优势。

5.2 关系管理的动态演化过程

本文从关系管理角度分析了京东电子商务平台的发展历程（表2），将其分为起步成长、快速发展、整合拓展三个阶段。在不同的阶段，京东对厂商和消费者关系管理的策略和重点是不同的。

表 2 电商企业角色定位及关系管理策略的演化过程

阶段划分	环境诱因	角色定位	厂商关系管理策略	消费者关系管理策略
起步成长阶段	外部环境 ·现任者垄断 ·缺乏对网购的了解 内部环境 ·传统零售基础 ·网上销售尝试	交易中介者 ·商品中介者 ·信息中介者	信任策略 选择相对弱势的厂商 ·先中小厂商再大厂商 ·低姿态合作 ·礼貌款待 ·积极沟通 ·及时结算厂商货款 价值共享 ·推荐好的经验策略	吸引策略 价格低廉 减少顾虑 ·货到付款 ·高层与消费者直接对话
快速发展阶段	外部环境 ·行业竞争压力 ·购物体验有缺陷 内部环境 ·资本支持 ·积累运营经验 ·市场地位提升	平台优化者 ·购物体验的提升者 ·商品销售的监管者 ·产品改进的督促者	管控策略 厂商筛选制度 厂商考核制度 ·送货准确性和时效性 ·配合程度 全面的沟通反馈机制	黏性策略 提升用户体验 ·商品按销量排名 ·推出"211限时达"物流服务 ·开设官方授权的维修中心促进双向沟通 ·积分激励制度
整合拓展阶段	外部环境 ·消费者需求提升 ·行业创新需求提升 内部环境 ·打造互补资源基础 ·加强数据处理能力	服务增值者 ·市场洞察者 ·行业预判者 ·创意提出者	融合策略 ·联合研发 ·联合首发	社交策略 精准营销 ·提供消费者画像分析 ·EDM邮件推送系统 获取产品创意

在京东关系管理的演化过程中，关系发展的方向和强度随着京东对资源管理能力的提升在不断深化和拓展（图 5）。我们通过箭头方向展现了关系强化和互动过程。在初期，京东基于互联网技术扮演中介者角色，充分利用先前实体零售商的资源，率先拓展与厂商的关系，并通过低姿态的合作态度获取厂商的信任，然后利用厂商的资源，并结合低价、货到付款等策略吸引消费者进入平台。京东利用互联网技术实现了对零售模式的拓展，扩大了商品流通范围并加快了流通速度，将厂商的产品信息和营销活动能够迅速传达给消费者，为厂商和消费者都带来了新的价值。在第二阶段，当获取足够的消费者资源后，京东的关系管理策略调整为以增强消费者购物体验为导向，通过扮演平台优化者的角色对平台资源进行筛选和监管。根据消费者的需求和投诉反馈，京东对厂商的产品质量和服务水平进行严格考核，并督促有问题的厂商限期改善，这大大增强了厂商对消费者反馈的响应速度，缩短了生产者与消费者的距离。随着京东与双边关系的进一步深化，其信息处理能力也得到巨大发展，促使京东利用信息技术为厂商和消费者同时提供服务增值。京东通过对交易数据的分析和挖掘，获取对市场趋势的预判，形成产品创新建议，最终与厂商合作开发和销售新产品。这种厂商和消费者关系管理方式的结合，促使京东成为了推动产业创新的驱动力，进而实现京东、厂商和消费者三者价值的统一。近几年，关系管理领域的学者提出了将厂商关系和消费者关系结合管理的思想，促使厂商资源和消费者导向的融合[19]，将顾客的信息处理并转化成与供应商共享的产品知识[49]，使生产出的商品更符合消费者的需求，实现企业、供应商和消费者价值的统一[45]。通过对京东案例的分析，我们进一步证实该思想，认为互联网平台能够积累外部资源，强化平台双边关系，通过对双边关系的强化机制促使厂商关系管理和消费者关系管理的整合。

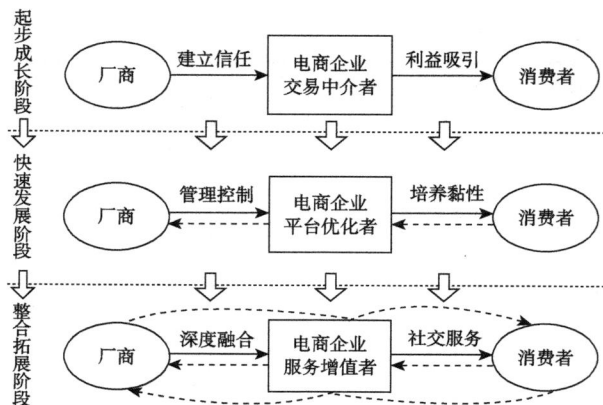

图 5　电商平台企业的关系管理过程和角色演化路径

5.3　理论贡献

通过对京东案例的深度研究，本文在理论上有以下三个方面的进展。

第一，本文补充了新进入者理论对于初创电商企业的研究视角。国外学者虽然强调了外部资源对于初创企业竞争力的重要性[24]，但更多是从技术创新、知识创新等组织内部视角分析初创企业的竞争策略[3~5]。国内对互联网平台企业的新进入者策略研究仍较少，较多研究针对汽车、电信、电子产品等相对成熟的行业[50~52]。而互联网平台所具有的网络外部性、资源外部性等特点，使平台的竞争力与平台成员的规模及质量关系密切，因此与传统制造业新进入者的竞争策略和发展模式有所不同。本文将研究视角从新进入者的组织内部创新转移到外部关系的构建和管理上，揭示和归纳了初创平台需要获取一定规模的成员基础，再通过管控和信任等机制提升平台的质量与黏性，进而寻求增值服务来拓展平台边界，增强核心竞争力的发展过程。

第二，解释了平台创新的概念和逻辑。以往有关平台创新的研究并没有明确平台创新的概念，多是围绕平台中产品研发和服务交付展开探讨[9, 12, 26]，因此容易和产品创新、服务创新等概念混淆[34]。本文认为，平台创新是平台层面的创新活动，以平台管理者为创新实施者，基于新技术和新方法，不断改变原有商业逻辑和规则，逐渐将厂商、消费者和平台管理者三方资源融入商品研发、生产和交易过程中，实现平台多方的价值共创。通过明晰平台创新的概念，本文有助于深入分析平台管理者在平台创新中的角色和作用，有助于在推动平台创新的过程中不断丰富自身角色，拓展在产业链条中的影响作用，进而增强自身竞争优势。

第三，从动态演化的视角总结了平台企业双边关系管理策略的演化过程，并实例验证了学者们对于厂商、消费者关系管理策略将逐渐整合的理论主张[44, 45]。尽管学者们对厂商关系、消费者关系的管理策略进行了大量阐述[16, 19, 35, 37]，但是对于电商企业如何在动态环境中，通过构建和拓展厂商关系，从一个新进入者演化成行业的领导者，仍然缺乏系统研究，不清晰平台发展水平的差异对关系管理策略造成的不同[23]。本文发现，电商企业和外部成员的关系管理策略受其发展水平的影响。随着电商企业规模的扩大，其在关系管理过程中的主动性不断增强，并呈现出将厂商关系和消费者关系结合管理的趋势。电商企业通过积累外部资源，对市场双方的潜在需求进行整合，一方面指导厂商研发和生产更符合市场偏好的产品；另一方面为消费者提供高质量的产品和服务，实现平台成员间的价值共创。

5.4 实践启示

通过对京东发展历程的深入分析，本文为行业新进入者提供了一定的实践启示。首先，行业新进入者在内部资源相对匮乏的情况下，可以利用互联网渠道发展外部资源，实现价值共创，进而提升自身竞争力。外部资源可以作为企业研发、营销的创意来源，强化企业和外部成员的关系，促进企业产品质量和服务水平的提升。其次，新进入者除了技术优势外，准确定位市场需求作为行业切入点至关重要。消费者对物美价廉、方便快捷的消费需求，厂商对成本缩减、渠道透明的运营需求，都被京东作为主要的投资和宣传重点，从而使其赢得市场认可和信任。

本文基于动态关系管理对平台创新机制进行剖析，为平台管理者联合双边成员开展协同创新和价值共创提供了借鉴。在厂商关系管理方面，初创平台企业随着自身能力和市场地位的提升，应该遵循"信任—管控—融合"的策略路径，逐渐深化与厂商的关系，即从双方关系的不对等逐渐向平等合作发展。在消费者关系管理方面，初创企业和消费者遵循着"吸引—黏性—社交"的发展策略，平台企业在不断改进消费者购物体验的同时，通过主动交互来逐步挖掘和引导消费者的潜在需求，为平台企业和厂商的产品创新提供方向，实现平台和消费者的相互促进。在这个过程中，平台管理者将平台资源和信息转化为行业知识和创意，从而形成平台企业的核心竞争力，一方面在市场供需之间搭建桥梁；另一方面创造了更多独特资源和价值，不断增强差异化竞争优势。

从平台创新的复杂性来看，我们的研究是有局限性的。首先，在环境诱因与企业角色演化的影响关系中，除了内外环境因素，企业领导人的领导力也是影响企业关系管理策略和角色定位的重要因素。这一问题拟在未来研究中进一步深化。其次，我们尚未对平台企业在信息搜集、加工处理、大数据挖掘和信息增值服务上的具体实践做系统调查和深入研究。因此说，本文仅仅是探索平台创新研究的开端，后续工作中还需要根据关系管理理论和平台理论的概念来设计和开发量表，对概念模型中的平台创新发展机制进行实证研究，进而验证和丰富本案例的研究结论。

参 考 文 献

[1] Eisenmann T, Parker G, van Alstyne M W. Strategies for two-sided markets[J]. Harvard Business Review, 2006, 84(10): 92-101.

[2] Hill C W L, Rothaermel F T. The performance of incumbent firms in the face of radical technological innovation[J]. Academy of Management Review, 2003, 28 (2): 257-274.

[3] Christensen C M, Rosenbloom R S. Explaining the attackers advantage: technological paradigms, organizational dynamics, and the value network[J]. Research Policy, 1995, 24 (2): 233-257.

[4] Park S, Bae Z T. New venture strategies in a developing country: identifying a typology and examining growth patterns through case studies[J]. Journal of Business Venturing, 2004, 19 (1): 81-105.

[5] Zahra S A, Bogner W C. Technology strategy and software new ventures' performance: exploring the moderating effect of the competitive environment[J]. Journal of Business Venturing, 2000, 15 (2): 135-173.

[6] Shankar V, Carpenter G S, Krishnamurthi L. Late mover advantage: how innovative late entrants outsell pioneers[J]. Journal of Marketing Research, 1998, 35 (1): 54-70.

[7] Song M, Podoynitsyna K, van der Bij H, et al. Success factors in new ventures: a meta-analysis[J]. Journal of Product Innovation Management, 2008, 25 (1): 7-27.

[8] Song M, Benedetto C A D, Parry M E. The impact of formal processes for market information acquisition and utilization on the performance of Chinese new ventures[J]. International Journal of Research in Marketing, 2009, 26 (4): 314-323.

[9] Rust R T, Lemon K N. E-service and the consumer[J]. International Journal of Electronic Commerce, 2001, 5 (3): 85-101.

[10] Tan B, Pan S L. Leveraging digital business ecosystems for enterprise agility: the tri-logic development strategy of Alibaba[C]. Proceeding of 30th International Conference on Information Systems, 2009,

[11] Iansiti M, Levien R. Strategy as ecology[J]. Harvard Business Review, 2004, 82 (3): 68-79.

[12] Srivastava S C, Shainesh G. Bridging the service divide through digitally enabled service innovations: evidence from Indian healthcare service providers[J]. MIS Quarterly, 2015, 39 (1): 245-268.

[13] 周文辉, 邱韵瑾, 金可可, 等. 电商平台与双边市场价值共创对网络效应的作用机制——基于淘宝网案例分析[J]. 软科学, 2015, 29 (4): 83-89.

[14] Isckia T. Amazon's evolving ecosystem: a cyber-bookstore and application service provider[J]. Canadian Journal of Administrative Sciences, 2009, 26 (4): 332-343.

[15] Zhang S J, Li X C. Managerial ties, firm resources, and performance of cluster firms[J]. Asia Pacific Journal of Management, 2008, 25 (4): 615-633.

[16] Stump R L, Heide J B. Controlling supplier opportunism in industrial relationships[J]. Journal of Marketing Research, 1996, 33 (4): 431-441.

[17] Das T K, Teng B S. Between trust and control: developing confidence in partner cooperation in alliances[J]. Academy of Management Review, 1998, 23 (3): 491-512.

[18] Chesbrough H W. The era of open innovation[J]. Mit Sloan Management Review, 2003, 44 (3): 35-41.

[19] Boulding W, Staelin R, Ehret M, et al. A customer relationship management roadmap: what is known, potential pitfalls, and where to go[J]. Journal of Marketing, 2005, 69 (4): 155-166.

[20] Dai Q Z, Kauffman R J. Business models for Internet-based B2B electronic markets[J]. International Journal of Electronic Commerce, 2002, 6 (4): 41-72.

[21] Clemons E K, Thatcher M E. Capital One Financial and a decade of experience with newly vulnerable markets: some propositions concerning the competitive advantage of new entrants[J]. Journal of Strategic Information Systems, 2008, 17 (3): 179-189.

[22] Zott C, Amit R. Business model design and the performance of entrepreneurial firms[J]. Organization Science, 2007, 18 (2): 181-199.

[23] Cennamo C, Santalo J. Platform competition: strategic trade-offs in platform markets[J]. Strategic Management Journal,

2013，34（11）：1331-1350.

[24] Suarez F F，Kirtley J. Dethroning an established platform[J]. Mit Sloan Management Review，2012，53（4）：35-41.

[25] Lai P Q. Utilizing the access value of customers[J]. Business Horizons，2014，57（1）：61-71.

[26] Gawer A，Cusumano M A. Industry platforms and ecosystem innovation[J]. Journal of Product Innovation Management，2014，31（3）：417-433.

[27] 崔晓明，姚凯. 交易成本、网络价值与平台创新——基于38个平台实践案例的质性分析[J]. 研究与发展管理，2014，26（3）：22-31.

[28] Vargo S L，Lusch R F. Evolving to a new dominant logic for marketing[J]. Journal of Marketing，2004，68（1）：1-17.

[29] Mele C，Colurcio M，Spena T R. Research traditions of innovation goods-dominant logic，the resource- based approach，and service-dominant logic[J]. Managing Service Quality，2014，24（6）：612-642.

[30] 邱晗光. B2C在线零售商电子商务平台开放策略研究[J]. 科技管理研究，2013，（7）：181-184.

[31] 陈威如，余卓轩. 平台战略：真正席卷全球的商业模式革命[M]. 北京：中信出版社，2013.

[32] Lusch R F，Vargo S L，O'Brien M. Competing through service：insights from service-dominant logic[J]. Journal of Retailing，2007，83（1）：5-18.

[33] Payne A F，Storbacka K，Frow P. Managing the co-creation of value[J]. Journal of the Academy of Marketing Science，2008，36（1）：83-96.

[34] Cusumano M A，Gawer A. The elements of platform leadership[J]. Mit Sloan Management Review，2002，43（3）：51-58.

[35] Sheth J N，Sharma A. Supplier relationships：emerging issues and challenges[J]. Industrial Marketing Management，1997，26（2）：91-100.

[36] Shepherd J. Entrepreneurial growth through constellations[J]. Journal of Business Venturing，1991，6（5）：363-373.

[37] Mahadevan B. Business models for Internet-based E-commerce：an anatomy[J]. California Management Review，2000，42（4）：55-69.

[38] Bodendorf F，Zimmermann R. Proactive supply-chain event management with agent technology[J]. International Journal of Electronic Commerce，2005，9（4）：57-89.

[39] Wiengarten F，Humphreys P，McKittrick A，et al. Investigating the impact of e-business applications on supply chain collaboration in the German automotive industry[J]. International Journal of Operations & Production Management，2013，33（1-2）：25-48.

[40] Lin M L. The Supplier Collaboration of Nike E-Commerce：A Case Study[M]. Toronto：Universe Academic Press Toronto，2009.

[41] Kohli A K，Jaworski B J. Market orientation：the construct，research propositions，and managerial implications[J]. Journal of Marketing，1990，54（2）：1-18.

[42] Vorhies D W，Morgan N A. Benchmarking marketing capabilities for sustainable competitive advantage[J]. Journal of Marketing，2005，69（1）：80-94.

[43] Jayachandran S，Sharma S，Kaufman P，et al. The role of relational information processes and technology use in customer relationship management[J]. Journal of Marketing，2005，69（4）：177-192.

[44] Coviello N E，Brodie R J，Danaher P J，et al. How firms relate to their markets：an empirical examination of contemporary marketing practices[J]. Journal of Marketing，2002，66（3）：33-46.

[45] Piercy N F. Strategic relationships between boundary-spanning functions：aligning customer relationship management with supplier relationship management[J]. Industrial Marketing Management，2009，38（8）：857-864.

[46] Yin R. Case Study Research：Design and Methods[M]. Thousand Oaks：Sage Publications Inc.，2008.

[47] Lusch R F，Nambisan S. Service innovation：service-dominant logic perspective[J]. MIS Quarterly，2015，39（1）：155-175.

[48] Lusch R F，Vargo S L，Tanniru M. Service，value networks and learning[J]. Journal of the Academy of Marketing Science，2010，38（1）：19-31.

[49] Wu J B，Guo B，Shi Y J. Customer knowledge management and IT-enabled business model innovation：a conceptual framework and a case study from China[J]. European Management Journal，2013，31（4）：359-372.

[50] 田志龙，李春荣，蒋倩，等. 中国汽车市场弱势后入者的经营战略[J]. 管理世界，2010，（8）：139-152.

[51] 柳思维，李荣华. 固定电信市场后进入者创新发展刍论[J]. 西安邮电学院学报，2008，13（2）：9-12.

[52] 黄胜忠，余凤. 弱势后入者的破坏性创新策略分析——以小米手机为例[J]. 商业研究，2014，（7）：50-54.

From A New Entrant to A Leader—Exploring Platform Innovation Based on Relationship Management

LUAN Shidong，YAN Mengling，LI Chang，DONG Xiaoying

（Guanghua School of Management，Peking University，Beijing 100871，China）

Abstract As new entrants in the retail industry，e-commerce companies enjoy tremendous development potential，but at the same time，they are faced with challenges from traditional offline retailers and fierce competitions from other e-commerce companies. The present work aims to answer the research question of how e-commerce companies in the retail industry manage to transform from a new entrant to an industry leader. By conducting a solid single case study of Jingdong，a comprehensive online shopping mall，we reveal that the case company encouraged continuous platform innovation by dynamically adjusting its external relationship management strategies based on different environmental conditions. Theoretically，we complement extant research on new entrants by shifting research focus from technological innovation inside a focal organization to resource integration outside the organization boundary. Practically，the external relationship management strategies，as well as the dynamic evolution path of platform innovation of the case company，offers a valuable reference for other companies.

Key words New entrants，E-business platform innovation，Role evolution，Relationship management

作者简介

栾世栋（1991—），男，北京大学光华管理学院 2012 级博士研究生，研究方向：平台创新、电子商务和信息管理。E-mail：luanshidong@pku.edu.cn。

晏梦灵（1990—），女，北京大学光华管理学院 2011 级博士研究生，研究方向：知识管理、电子商务和信息管理、组织创新。E-mail：yanmengling@pku.edu.cn。

李昶（1978—），男，北京大学光华管理学院 2014 级博士后，研究方向：知识管理、平台创新。E-mail：lichang@sipo.gov.cn。

董小英（1961—），女，北京大学光华管理学院副教授，研究方向：知识管理、企业信息化。E-mail：dongxy@gsm.pku.edu.cn。

附录 访谈对象列表

访谈次数	访谈对象	所属部门	进入京东时间	访谈时间/分钟	听打字数
第一次	总监 N	物流总监		55	0.31 千字
	经理 W	运营管理部	2008 年	78	19.36 千字
	产品经理 G	电脑数码品类	2007 年	109	21.76 千字
	采销经理 W	板卡品类	2008 年	133	31.65 千字
第二次	高级经理 D	笔记本品类	2005 年	104	55.57 千字
	产品经理 H	电脑数码品类	2010 年	59	17.08 千字
	采销经理 L	附件品类	2009 年	71	19.90 千字
第三次	总经理 Z	电脑数码事业部	2000 年	89	21.13 千字
	总经理 L	电脑数码事业部	2010 年	105	17.90 千字
总计				803（13.38 小时）	20.5 万字

学术动态

近期主要活动

√ 2016年5月27日~29日，中国地质大学（武汉）经济管理学院、电子商务国际合作中心，美国阿尔弗雷德大学商学院和德国巴登-符腾堡州联合大学共同主办的第十五届武汉电子商务国际会议在武汉召开。国际信息系统协会（Association of Information Systems，AIS）前主席、哈尔滨工业大学 Doug Vogel 教授以及信息系统协会中国分会副主席、中国人民大学王刊良教授等来自国内外高校近 170 位专家学者参加会议。与会代表围绕"大数据时代的企业生态系统与战略""互联网经济与消费者行为""数字平台中的共享经济""社交媒介与电子商务""IT项目管理""电子商务与数字化创新"等主题展开交流。会议组织了"信息系统与电子商务博士论坛""CNAIS 电子商务前沿理论与实践""信息经济学会专题会"等 5 个专题研讨会，分享不同国家和地区信息系统的研究内容，全方位透视信息技术在当今社会和企业的重大变革及潜在价值。会议还与电子商务领域的重要国际期刊《电子商务研究杂志》合作举办了专刊研讨会，6 篇论文在会场进行了宣读，3 位资深编辑或者副主编进行了评论。在推荐期刊论文辅导专题研讨会上，多个国际期刊的编委会成员与每个参与人讨论他们的论文情况，并提出意见和建议。本次会议评出最佳论文 2 篇，提名最佳论文 3 篇。论文集由美国阿尔弗雷德大学出版，将被列入信息系统领域权威学术文献数据库——AIS 电子图书馆，被 CPCI-SSH 检索，部分优秀论文将被推荐到多个 SSCI 和 EI 国际期刊。据悉，2004~2015 年连续十二届会议论文集中全部论文被国际三大检索之一——CPCI-SSH 收录，推荐到 SSCI 和 EI 国际期刊发表的论文累积已经超过 120 篇。武汉电子商务国际会议是国际信息系统协会附属会议，也是唯一一个定期在中国召开的 AIS 学术年会。会议旨在广泛的领域展现创新性的科学研究成果和具有挑战性的实践与经历，促进跨学科的研究发现，分享不同国家和地区的经验。

√ 2016年6月25日~26日，由大连理工大学管理与经济学部、得克萨斯大学达拉斯分校 Naveen Jindal 管理学院（美国）、东北财经大学管理科学与工程学院共同主办的第十届国际信息管理中国夏季研讨会（The Chinese Summer Workshop of Information Management，CSWIM）在大连理工大学顺利召开。此届大会的主题是"互联网+、商业创新和分析"。大连理工大学管理与经济学部王众托院士、大连理工大学研究生院常务副院长胡祥培教授、东北财经大学管理科学与工程学院院长唐加福教授担任此次会议的荣誉主席。大连理工大学管理与经济学部副部长李文立教授、得克萨斯大学达拉斯分校陈建清教授担任此次学术会议的联席主席。大连理工大学王众托院士、MIS Quarterly 主编 Arun Rai 教授、Information Systems Research 高级编辑 Vijay Mookerjee 教授分别做了大会的主题报告。大会共设立 18 个分论坛，主题包括口碑研究、社会化媒体营销、新兴 IT 现象、互联网金融、众包、数据挖掘与文本挖掘等。来自美国、欧洲、韩国、新加坡、中国香港等国家和地区的著名学府及内地知名高校的 250 多名专家学者（其中海外学者 70 余人）参加了本次会议。本次会议是 CSWIM 历史上规模较大的一次会议。CSWIM 国际研讨会创建于 2007 年，是由信息系统协会中国分会和海外学者共同创办的国际性学术会议，旨在为海内外从事信息系统领域的学者架起沟通的桥梁，是海内外学者共同探讨 MIS（management information system，即管理信息系统）学科理论、发展、应用、前沿和学术成果的世界性交流平台。

√ 2016 年 6 月 27 日至 7 月 1 日，由 AIS 主办，中正大学管理学院承办的 2016 第 20 届亚太信息系统年会（Pacific Asia Conference on Information Systems 2016，PACIS 2016）在台湾嘉义成功举办。此次会议的主题为 "IT Governance for Future Society"，来自全球 30 多个国家的 500 多位专家学者参加了本次会议，会议包含了 2 天博士论坛、1 场教学研习会、3 场专题演讲、3 场学术工作坊及 7 场学术座谈会，并有近 400 篇口头及海报论文发表及展示。

√ 2016 年 8 月 13 日，由 CNAIS、中国信息经济学会信息管理专业委员会、中国人民大学信息学院、山东财经大学管理科学与工程学院主办，智慧养老 50 人论坛、滨州医学院公共卫生与管理学院承办的第三届智慧养老与智慧医疗发展论坛在滨州医学院顺利举行。滨州医学院副院长张培功、山东科技大学副校长刘新民、国际信息系统协会中国分会副主席兼秘书长王刊良、中国信息经济学会副理事长兼秘书长王明明、智慧养老 50 人论坛 2016 年联合轮值主席左美云出席开幕式。山东财经大学管理科学与工程学院院长张新主持开幕式。来自中国人民大学、清华大学、上海交通大学、合肥工业大学、复旦大学、北京理工大学、南京大学、四川大学、山东大学、山东财经大学等 40 余家高校和企业的近百名专家、学者、教师代表参加论坛。王刊良副主席在致辞中简要介绍了国际信息系统协会中国分会的基本情况。本次会议设立两个分论坛，每组 4 个点评人，围绕智慧养老与智慧医疗的最新研究进展、科研创新、前沿信息、学术成果进行了大会交流。

√ 2016 年 9 月 29 日，由中国管理现代化研究会、复旦管理学奖励基金会主办，哈尔滨工业大学承办的第十一届中国管理学年会在哈尔滨召开。黑龙江省副省长孙东生、哈尔滨工业大学校党委书记王树权、国家自然科学基金委管理学部常务副主任李一军、中国管理现代化研究会轮值理事长石勇、复旦大学管理学院党委书记黄丽华出席会议并讲话。本届年会共有来自学术界、产业界和社会各界的 600 余名专家学者参会，围绕 "绿色与共享：新常态下的管理与创新" 主题开展跨学科、跨行业、跨地区的学术研讨，为实现 "绿色与共享" 的管理与创新提出建议与意见。大会还设立了 "市长论坛" "校长+院长论坛" "女管理学家论坛" "期刊论坛" "企业家+EDP+EMBA 论坛" 等分论坛，专家学者们就组织与战略、会计与财务、金融管理、组织行为与人力资源管理、运作管理、市场营销、管理与决策科学、信息管理、公共管理、大数据、电子商务等有关议题进行了深入探讨。大会同时举行了高层次人才招聘会、复旦管理学奖励基金会中国管理学青年奖颁奖和年会优秀论文颁奖活动。

√ 2016 年 11 月 26 日~27 日，由教育部高等学校管理科学与工程专业教学指导委员会、CNAIS 和清华大学出版社主办，厦门大学和清华大学出版社共同承办的 "第五届高等学校信息管理与信息系统专业人才培养高峰论坛" 在厦门大学隆重举行。此次论坛的主题是共享经济背景下信管专业建设与人才培养创新。来自全国上百所高校的 300 多名代表出席了论坛。教育部管理科学与工程专业教学指导委员会主任、清华大学经济管理学院陈国青教授做了大会主题报告。论坛还组织了信息管理与信息系统领域课程联盟和科研联盟的分组讨论。来自各地高校的 10 位代表分享了 MIS 课程建设和信息系统研究心得。论坛已成功举办 5 届，为信息管理与信息系统专业教师搭建一个共同交流的平台，也将促进管理学科与信息系统和信息管理专业提升水平，拓展发展空间。

活动预告

√ 第十六届武汉电子商务国际会议将于 2017 年 5 月 26 日~28 日在湖北武汉举行，会议官方网站：http://www.whiceb.com。

√ 第 21 届亚太信息系统年会（Pacific Asia Conference on Information Systems，PACIS 2017）将于 2017 年 7 月 16 日~20 日在马来西亚兰卡威举行，会议主题为"Societal Transformation Through IS/IT"。

√ 2017 年国际信息系统大会（ICIS 2017）将于 2017 年 12 月 10 日~13 日在韩国首尔举行，会议主题为 "Transforming Society with Digital Innovation"。